Succès - Réussite

Préface

Vous êtes-vous déjà demandé pourquoi certaines personnes trouvent très rapidement du travail, alors que d'autres prennent beaucoup plus de temps, ou passent des années à être en recherche d'emploi ? Pensez-vous que c'est une question de : Chance ? Savoir faire ? Relations ? Réflexion ? Méthodologie ? Compétences ?

En fait, réussir sa recherche d'emploi ne s'invente pas. Elle ne se fait pas par hasard. Comme pour tout projet sérieux, il est nécessaire de prendre le temps de réfléchir à une méthodologie, des moyens à mettre en œuvre, et des actions à mener pour obtenir des résultats positifs et précis. <u>Par exemple</u>, certains se font accompagner par un professionnel (Conseiller Emploi ou Coach Professionnel) qui les aide dès le départ à avoir les informations utiles, à analyser leur situation, leur motivation et leurs centres d'intérêt. A la suite de cette analyse, et selon les résultats obtenus, ils envisageront, soit de trouver un poste identique au précédent, soit de faire une formation afin d'acquérir davantage de connaissances, soit d'envisager une reconversion professionnelle.

Donc, à partir de ce moment, celui qui est en recherche d'emploi ou en reconversion professionnelle, va devoir s'organiser efficacement, se poser les bonnes questions, mettre en place un plan d'actions, et ainsi monter marche après marche, son escalier de la réussite.

Dans ce livre, je vous présente une « Méthode simplifiée » en 5 étapes, qui vous permet de trouver en toute autonomie, le poste qui vous convient. Je dirai même le poste de vos rêves. Il s'agit d'une méthode que je pratique au quotidien pour accompagner à la réussite, des Demandeurs d'Emploi en recherche active, et des Salariés qui envisagent de changer de métier pour différentes raisons. Cette méthode, vous permet de bien vous préparer, d'être efficace dans vos recherches, lors de vos entretiens d'embauche et face aux recruteurs. Elle vous aidera également à garder votre poste et vous faire respecter au travail.

Dans les pages qui suivent, vous trouverez donc des **illustrations, des citations, des conseils** qui vous motiveront, et vous propulseront vers votre réussite.

Succès - Réussite

5 étapes pour

- **Trouver rapidement un emploi**

- **Réussir vos entretiens d'embauche**

- **Réussir votre prise de poste**

- **Réussir tout ce que vous entreprenez**

Bonne lecture !

Succès - Réussite

Table des Matières

Chapitre	Page

Succès - Réussite

Succès - Réussite

INTRODUCTION

Quand on est en recherche d'emploi, il n'est pas facile de l'accepter. Ce moment de notre vie, bien souvent inattendu, est particulièrement frustrant pour beaucoup d'entre nous. Connaissez-vous dans votre entourage, des personnes qui aiment se retrouver au chômage ? Cela pourrait être le cas, mais c'est très rare. Pour ma part, j'ai passé plus de trente ans en Ressources Humaines, connu de nombreuses personnes de catégories sociales différentes, qui se sont retrouvées un jour ou l'autre sans emploi. J'ai travaillé également aux côtés des Demandeurs d'Emploi pendant plusieurs années (Pôle Emploi – Relais Emploi). J'ai mis en place et apporté différentes solutions en faveur de ces bénéficiaires. Ensuite, en qualité de Chef d'Entreprise et Recruteur, il y a quelques années, j'ai rencontré et embauché plusieurs personnes.

Aujourd'hui, j'accompagne au quotidien celles et ceux qui sont en recherche active d'un emploi, mais également des salariés

Succès - Réussite

en reconversion professionnelle et des porteurs de projet. Très sincèrement, à aucun moment, j'ai entendu l'un d'entre eux s'exclamer : « Chouette, je suis au chômage, mes revenus sont réduits de moitié, c'est vraiment super ! Et je souhaite que cela dure le plus longtemps possible ».

Bien au contraire, le Demandeur d'Emploi, dans la majorité des cas, vit difficilement cette situation, car il ne sait pas exactement où celle-ci va le mener, et combien de temps elle va durer. Pourtant, cette période qui semble être un moment difficile et accompagné très souvent d'un sentiment d'échecs, de frustrations, d'un manque d'argent et de pression de la famille, pour beaucoup, s'avère être aussi **une pause très constructive, pour celles et ceux qui savent en tirer profit.** Je dirai même que dans certains cas, cette période est bien méritée ; compte tenu des conditions de travail que ces personnes viennent de vivre : Burn-out – Stress, dû au temps de trajet long ou difficile, surcharge de travail, relations compliquées avec les collègues ou la hiérarchie, manque de considération, grosse fatigue en fin de journée, réveil très matinal, ou bien d'autres difficultés non avoués. Ces différentes situations malheureuses, privent bien souvent, le salarié de bien-être, d'une bonne communication avec les membres de sa famille, mais aussi, le vide de toute son énergie positive et constructive. Par exemple, comment peut-il trouver le courage nécessaire, une fois rentré à la maison, pour lire, prendre le temps de discuter longuement et sereinement avec son conjoint ? Répondre patiemment aux questions des enfants et avoir une écoute attentive à leur égard ? Comment peut-il prendre des cours du soir après plusieurs heures de transport ? Pourtant, ce n'est ni l'envie, ni l'ambition qui lui manque, car comme tout le monde, il a le souhait de développer ses compétences, évoluer dans son Entreprise, avoir un meilleur salaire, vivre mieux au quotidien, se payer de belles vacances, faire de beaux voyages, se procurer la maison de ses rêves, emmener sa famille au restaurant, s'acheter de belles choses. N'est-ce pas le désir de la majorité des salariés, voire de tout le monde ? Si vous viviez l'une de ces situations, combien de fois, avez-vous eu **envie de vivre différemment, de lever le pied, d'avoir un travail qui vous satisfait vraiment, de rêver de faire des activités qui vous passionnent.** Et bien, cette période de chômage dans laquelle vous êtes actuellement vous donne la possibilité d'envisager votre vie autrement que ce qu'elle a été jusqu'ici. Dans les chapitres suivants, nous verrons comment le faire ?

Préparez-vous à réussir

Succès - Réussite

CHAPITRE 1

Préparez votre mental

Quand on vit une situation difficile, il n'est pas simple de rester positif et optimiste. Il est plus facile de le dire que de le faire. Néanmoins, comprenons bien que dans toute situation, c'est l'état d'esprit que l'on manifeste qui conditionne le résultat que l'on veut obtenir. <u>Par exemple</u>, certains Demandeurs d'Emploi vont rapidement retrouver du travail, grâce à leur confiance en eux, leur habileté, leur réseau, leur dynamisme, mais surtout grâce à leur **état d'esprit positif. Ils mettront tout en œuvre pour rester, comme on le dit, « Sur les rails ».** A contrario, d'autres y mettront beaucoup plus de temps à sortir de la même situation. Pourquoi ? Tout simplement, parce que ces derniers voient leur situation autrement. Il s'agit pour eux d'une catastrophe, d'une période de galère et de frustrations, d'échecs et semblent mener un combat permanent. Ils oublient simplement, **qu'il y a des gens qui sont dans une situation similaire, et quelquefois pire.**

Succès - Réussite

Je rencontre au quotidien des personnes de toutes conditions. Et je suis particulièrement émue de voir que certaines qui **ne savent ni lire, ni écrire**, trouvent du travail plus rapidement que celles qui ont plusieurs diplômes. Il y a également des gens **qui ont un handicap,** et cherchent à travailler malgré tout, afin de subvenir aux besoins de leur famille. Ils arrivent à développer des compétences qu'ils n'avaient pas auparavant, et proposent ainsi des services en rapport avec leurs nouveaux savoirs faire. De ce fait, ils restent joyeux et confiants de faire de mieux en mieux. Parlons aussi de femmes **qui élèvent seules leurs enfants**, et sont obligées de cumuler deux emplois pour subvenir à leurs besoins. Peut-être connaissez-vous également d'autres cas dans votre entourage. Il nous suffit d'observer attentivement ce qui se passe autour de nous. Et ces personnes en question, se refusent de rester longtemps au chômage, et font preuve d'une grande détermination pour retrouver rapidement du travail, quitte à accepter des métiers qui n'ont rien à voir avec les diplômes qu'elles possèdent. Nous devons vraiment faire l'effort de regarder autour de nous, pour comprendre que beaucoup ont des difficultés bien plus grandes que les nôtres. En le faisant, nous prenons vite conscience que notre situation n'est pas aussi grave qu'elle en à l'air. **Que nous vivons dans un pays qui nous offre énormément de possibilités, et qu'il nous appartient, personnellement d'en profiter pour saisir les opportunités qui se présentent à nous.** Cette réflexion nous évitera de broyer du noir, de nous rendre malade, par nos pensées négatives, notre tristesse, et l'amertume qui nous enfonce progressivement dans la mélancolie, le stress, la dépression, les addictions. Certains en finissent même par penser que çà ne sert à rien de se battre, que le système est trop pourri, que la vie est trop injuste à leur égard. Ils se renferment sur eux-mêmes, en oubliant qu'une chose : **Ils ont aussi la possibilité de penser autrement, en se disant, par exemple : « Si d'autres s'en sortent et réussissent, moi aussi je peux y arriver ». « Je vais chercher des solutions. Je vais me faire aider. J'ai déjà vécu des situations difficiles par le passé et je m'en suis sorti. Cette fois encore, je m'en sortirai. Il n'y a aucune raison que ce soit l'inverse. »** *Voilà le discours que vous devez, vous aussi avoir, malgré votre la situation dans laquelle vous vous trouvez.*

« Penser négativement ne donne jamais rien.

Ce qui est négatif, va à l'encontre de la vie.

Le négatif est l'ennemi du succès. »

Dr. Joseph Murphy

CHAPITRE 2

Faites un zoom sur votre situation

Quelle est votre situation à aujourd'hui, ne serait-ce qu'au niveau du temps dont vous disposez ? Vous êtes sûrement davantage disponible. <u>Par exemple,</u> vous pouvez rester un peu plus longtemps au lit le matin, prendre un peu plus de temps pour voir ce qui se passe réellement autour de vous, écouter et discuter davantage avec vos enfants, votre conjoint, vos amis.

Vous avez aussi la possibilité de vous relaxer en journée, réfléchir sur des projets, sur votre avenir et celui de votre famille, lire plus souvent, vous balader, profiter de la nature, observer sa beauté et sa richesse. Vous pourrez aussi voyager plus souvent et à petits prix si votre budget vous le permet, faire de bons petits plats pour vous et votre famille. Prendre un peu plus de temps pour faire du sport, aller marcher, faire des balades en forêt, faire du vélo, aller à la piscine, faire un hammam ou toute autre activité de votre choix.

Cela veut dire, que si vous vous organisez efficacement, vous pourrez vous réserver du temps pour profiter de la vie, tout en cherchant du travail. Si vous vous efforcez de voir les choses ainsi, avec un regard positif, vous obtiendrez rapidement de bons résultats, aussi bien dans le domaine professionnel que personnel. Ainsi, cette période deviendra pour vous, **le moment le plus important de votre vie car vous ferez émerger en vous le meilleur de vous-même, c'est-à-dire votre « moi intérieur », que vous avez peut-être négligé pendant des années.** Souvenez-vous ! Quand vous travailliez, combien de fois vous êtes-vous dit : « Je suis trop fatigué (e) pour faire telle ou telle activité. Vivement le week-end pour que j'en profite ». Puis le week-end arrive avec son lot d'activités ménagères, courses dans les supermarchés et longues files interminables, accumulées à la fatigue de la semaine. Finalement, vous vous cantonniez, à faire le minimum, aussi bien pour vous-même que pour votre famille. Tout cela par manque d'énergie, mais aussi parce que vous ne pouvez pas être partout à la fois et tout faire en même temps. Moralité, le temps passe vite et ne se rattrape pas, nous le savons. C'est à nous de bien profiter des moments dont nous disposons. Savoir saisir les opportunités que la vie nous offre généreusement, et en faire quelque chose de beau, de précieux. Pour cela, prenons l'habitude d'utiliser chacune de nos journées pour avancer vers nos objectifs, car en ne faisant pas ce que nous devons faire aujourd'hui, nous perdons d'emblée vingt quatre heures de notre vie. Et demain, il n'est pas sûr que nous puissions réaliser ce que nous n'avons pas voulu faire la veille. En effet, demain est un autre jour, avec son lot d'activités différentes ou d'imprévus qui pourraient nous empêcher de rattraper le temps perdu hier. En réalité, nous ne pouvons jamais rattraper le temps. **Nous comprenons donc qu'il est important d'utiliser notre temps présent à bon escient et de la bonne façon,** pour ne pas avoir à le regretter plus tard. Il nous arrive de dire : **« Si je le savais »,** ou **« J'aurais dû faire telle ou telle chose quand je le pouvais encore »,** ou **« J'aurai dû écouter mon intuition »,** ou **« J'aurai dû saisir cette occasion, je le regrette ».**

Succès - Réussite

Quelle leçon pouvons-nous en tirer ? Nous ne pouvons pas revenir sur le passé. Mais nous devons méditer sur ce que nous n'avons pas fait, quand nous le pouvions, afin de ne pas reproduire les mêmes erreurs.

Votre période de chômage est donc le moment idéal pour faire une analyse profonde de votre situation professionnelle et personnelle.

Si vous n'étiez pas au chômage en ce moment, quand auriez-vous eu le temps d'approfondir et d'analyser votre vie ? Peut-être jamais. Et comme beaucoup de personnes, vous continueriez à courir constamment, année après année, sans avoir suffisamment de temps pour vous, votre famille, et en vous disant que vous n'avez pas le choix d'une telle vie. Maintenant, votre situation présente vous oblige à ralentir. **Elle vous donne l'occasion de découvrir enfin qui vous êtes, ce qui vous anime vraiment, au plus profond de vous-même. Alors profitez de cette opportunité pour aller vers votre épanouissement professionnel et personnel.**

CHAPITRE 3

Développez un état d'esprit positif

Vous l'avez compris, il est absolument nécessaire de rester positif dans votre situation. Pourquoi ? Parce que cette période n'est sûrement pas facile pour vous. Vous êtes sous tension, vous perdez une partie de vos revenus, alors que vous devez continuer à vivre, à payer vos factures, et à vaquer à vos occupations quotidiennes. Pourtant, **il est indispensable que vous gardiez les idées claires. Que vous soyez serein, afin d'être efficace dans vos recherches** et bien choisir votre prochain métier. Vous pouvez profiter aussi de cette opportunité pour faire des formations adaptées, et rencontrer des personnes qui vont vous aider à aller de l'avant. En restant optimiste, ou en cherchant à le devenir, vous vous créerez davantage d'opportunités. Vous trouverez plus facilement des réponses aux questions que vous vous posez. Vous rencontrerez les bonnes personnes sur votre route, et pourrez rester joyeux et avancer avec sérénité. En fait,

l'optimisme est une qualité importante qu'il faut absolument chercher à obtenir ou à développer. Brian Tracy, dans son livre « Avalez le crapaud » qui est un best-seller international, nous explique : « *Les optimistes semblent être les plus efficaces dans toutes les sphères de la vie. Ils cherchent à découvrir ce qu'il y a de bien dans toute situation. Peu importe ce qui cloche, ils s'efforcent de trouver ce qu'il y a de bon ou de profitable.* Les optimistes cherchent toujours à découvrir la précieuse leçon que recèlent tout revers et toute difficulté. Ils sont d'avis que *les difficultés ne servent pas à nuire mais à instruire. Ils cherchent toujours à découvrir la solution à tout problème,* au lieu de chercher qui ou quoi blâmer ou de se plaindre. Lorsque les choses vont mal, ils se demandent : « Quelle est la solution ? Que peut-on faire maintenant ? Quel est le prochain pas à faire ? » Les gens qui sont d'un naturel optimiste, positif et enthousiaste pensent continuellement à leurs objectifs et en parlent sans cesse. *Ils réfléchissent davantage à leur avenir et à leur destination,* qu'à leur passé et à leur provenance. De même, *ils parlent davantage de leur avenir* et de leur destination que de leur passé et de leur *provenance.* ***Ils portent toujours leur regard sur ce qu'il y a devant plutôt que sur ce qu'il y a derrière.* »** Donc, si vous visualisez constamment vos objectifs et vos idéaux, et si vous vous parlez toujours de manière positive, vous serez plus concentré (e) et rempli (e) d'énergie. Vous vous sentirez plus confiant (e) et créatif (ve). Plus vous serez motivé (e), plus vous aspirerez à vous mettre au travail et plus vous serez déterminé (e) à aller jusqu'au bout de votre recherche d'emploi.

<u>Par exemple,</u> **pendant cette période, refusez catégoriquement de vous plaindre de votre situation actuelle.** Pour entretenir votre propre motivation et surmonter les doutes ou la peur, répétez-vous continuellement : « **Je vais y arriver ! Oui, je vais y arriver !** » Lorsque les gens vous demandent comment vous allez, répondez-leur toujours « **Je vais bien, merci !** » Refusez toujours de vous plaindre de vos problèmes. Gardez-les pour vous. En réalité, la majorité des gens se moquent complètement de vos problèmes, et certains sont plutôt contents que vous en ayez. C'est à vous de trouver des solutions, même si vous avez besoin de l'aide des autres pour y voir plus clair, dites-vous : « **Comment vais-je m'y prendre ?**

Succès - Réussite

Qui autour de moi s'est déjà retrouvé dans cette situation, et pourrait me donner de bons conseils ? Qui dans mes relations, amis, parents, voisins, connaissances, peut vraiment m'apporter l'aide dont j'ai besoin ? Quelles sont les actions que je dois rapidement mettre en œuvre pour trouver du travail ? Je ne veux pas dire que votre situation est simple actuellement, car nous savons tous que la période de chômage est particulière, puisqu'elle signifie très souvent, perte de revenus, remise en cause de nos compétences, des doutes sur notre capacité à rebondir rapidement. Egalement, baisse de notre confiance et notre estime de nous. Sans parler de nos inquiétudes liées au poste lui-même : salaire, peur du changement, nouvelle ambiance, nouveau challenge, lieu géographique, ou autres difficultés personnelles. Tous ces éléments pris en compte vont nous contraindre à réfléchir profondément sur notre situation actuelle, voire nous inquiéter. En fait, la zone de confort dans laquelle nous sommes installés quand nous travaillons, et que tout va pour le mieux, nous fait oublier que, qui que nous soyons, et quelque soit notre statut, notre profession, notre milieu social, tout peut s'écrouler du jour au lendemain. Nous pouvons tout perdre, et être contraint à tout recommencer. Le confort ou l'accalmie que nous connaissons aujourd'hui, peut disparaître demain sans crier « Gare » Surtout à notre époque où les choses vont vite, et pas toujours dans le bon sens. Le monde professionnel est en constante mutation et effervescence. La mondialisation, la haute technologie et Internet avance à grande vitesse. Que ce soit sur le plan social, économique, professionnel, familial, nous devons nous préparer à tout, c'est-à-dire, à des bouleversements, un changement d'orientation, et comprendre que nous pourrions être amenés du jour au lendemain, à prendre des directions complètement différentes, voire à l'opposé que celles que nous avons toujours connues.

Que nous reste-t-il donc ? Notre propre état d'esprit. Nous devons apprendre à rester fort psychologiquement, à nous parler de façon positive, en permanence. A développer une bonne communication interne, en utilisant des mots, des phrases positifs qui nous élèvent, nous stimulent et nous donnent envie d'aller de l'avant, plutôt que de baisser les bras. Si nous ne le faisons pas, nous serons constamment en train de nous plaindre de notre situation, et seront souvent démoralisés.

Qui en dehors de nous connaît vraiment nos désirs profonds, nos souhaits, nos rêves ? Qui peut, en dehors de nous-mêmes, nous booster en permanence ? Personne que nous-mêmes. Nous le pouvons, notamment par des lectures bien choisies, par notre spiritualité, la méditation, des vidéos stimulantes, des émissions télévisées instructives et positives, et aussi en revoyant l'histoire de personnes célèbres qui ont fait preuve de courage, de persévérance malgré les difficultés énormes qu'elles ont rencontrées. Qui peut choisir pour nous les bons amis ? Personnes d'autres que nous-mêmes. Nous sommes les seuls à connaître nos besoins réels, nos inquiétudes et nos attentes. Moralité ? **Nous sommes l'acteur principal de notre vie.** D'où la nécessité de développer un état d'esprit positif et confiant, afin d'apporter à notre esprit le bon carburant pour qu'il fonctionne correctement en permanence, et surtout par des temps difficiles.

Succès - Réussite

Comment fonctionnent nos pensées ?

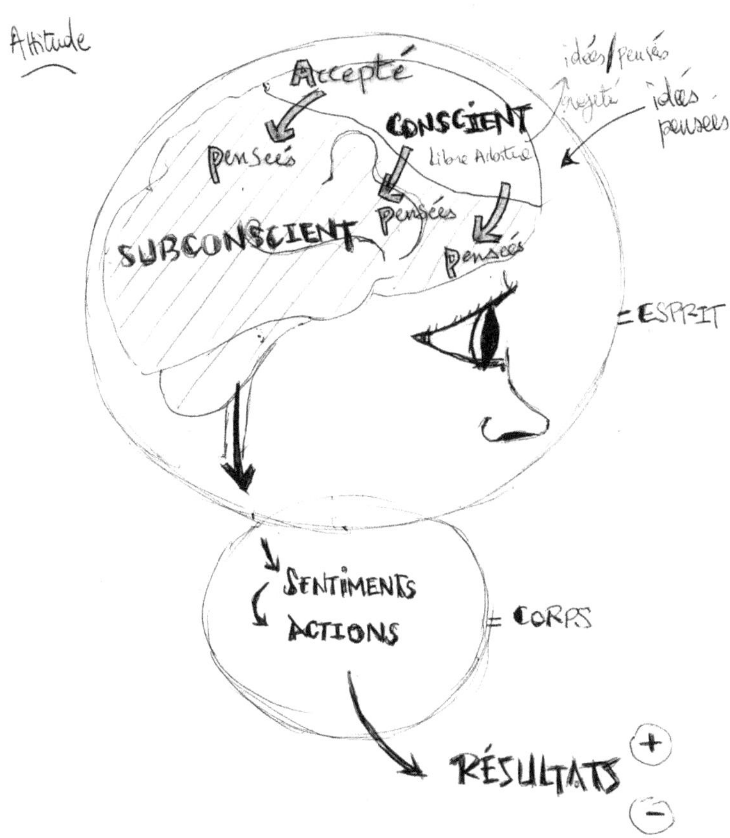

Succès - Réussite

« Pour remplacer vos pensées négatives

Par des pensées positives,

Dites-vous simplement :

J'ai foi en tout ce qui est bon. »

Dr. Joseph Murphy

CHAPITRE 4

Reprogrammez votre subconscient

Le subconscient joue un rôle important dans notre cerveau. Il est aussi appelé l'inconscient, ou boîte noire. Les spécialistes en neurosciences et experts, nous expliquent que cette partie de notre cerveau ne se pose pas de questions, ne réfléchit pas, et ne fait pas de tri entre ce qui est acceptable ou à rejeter. Notre subconscient accepte toutes les informations ou pensées qu'on lui soumet, et travaille avec celles-ci. Puis, il provoque en nous un sentiment positif ou négatif, selon la nature des pensées qu'il a réceptionnée et gardée. Le sentiment à son tour nous poussera vers une action de même nature. Et l'action elle aussi nous mènera naturellement vers un résultat similaire, c'est-à-dire, positif ou négatif. Comprenons que **notre subconscient est puissant, et que** nous devons veiller à notre communication interne (ce que nous nous disons dans notre tête), mais également à ce qui nous vient de l'extérieur. Soit nous acceptons l'information reçue, auquel cas le subconscient travaillera en fonction de celle-ci, soit nous la rejetons catégoriquement, car si nous conservons une information quelconque, notamment négative, nous obtiendrons le résultat que nous ne souhaitions peut-être pas au départ, et nous serons forcément déçus. **Cela veut dire aussi qu'il faut rejeter toutes pensées que nous estimons polluantes, ou inutiles pour notre bien-être. Au contraire, efforçons-nous d'avoir en permanence, des pensées qui nous construisent, nous fortifient, nous stimulent et nous encouragent à aller de l'avant.**

D'autre part, les pensées que nous laissons s'installer confortablement dans notre subconscient, aurons du mal à être déloger. Pourquoi ? Parce qu'elles deviendront parties intégrantes de notre organisme, voire de nos croyances, selon la durée de leur installation. Les spécialistes nous expliquent également que **plus nous croyons qu'une situation est possible ou réalisable, plus nous lui donnons vie, et la possibilité de se réaliser.** Pour bien comprendre, nous pouvons comparer notre cerveau à une graine que nous mettons en terre. Cette graine représente une pensée qui nous vient à l'esprit, ou émise de l'extérieur. La terre peut être comparée à notre jardin cérébral, c'est-à-dire, notre cerveau. A chaque fois que nous arrosons cette graine qui a été plantée, nous lui donnons la force de grandir. Avec le temps, elle deviendra une plante vigoureuse, forte et bien enracinée. Cette graine peut même devenir avec le temps un arbre difficilement déracinable. Il en est de même pour nos pensées. **Plus nous les répétons, plus nous leur donnons de la force pour qu'elles grandissent. Elles s'enracineront profondément dans notre jardin cérébral, au point que nos sentiments et nos actions soient le résultat de ces pensées bien enracinées.** Quand il s'agit de pensées positives, tant mieux, car elles donneront en finalité de bons résultats (de belles plantes ou de belles fleurs). Mais quand il est question de pensées négatives, autrement dit de mauvaises herbes, qui mettent en péril notre jardin cérébral, nous devons absolument les arracher pour qu'elles n'envahissent pas ce beau jardin qu'est notre cerveau. Cela nous emmène à dire que nous ne devrions pas perdre de temps, dans des **discussions stériles et non constructives,** avec certaines personnes. C'est également le cas de **films ou musiques violents ou sans**

Succès - Réussite

intérêts que nous prenons peut-être plaisir à regarder ou à écouter. Ces situations ne nous mènent nulle part de bon, si ce n'est bien souvent vers la colère, la violence, la haine, la jalousie, la rébellion, le bavardage, la médisance, la malhonnêteté, c'est-à-dire, vers tout ce qui peut ruiner notre confiance et estime de nous. Tout ce qui entre dans notre jardin cérébral, doit être minutieusement examiné, afin de garder que le positif qui nous mènera vers le positif, vers notre réussite et vers notre épanouissement.

<u>Par exemple</u>, si vous vous répétez souvent, **« Je ne suis pas capable »**, **« Je n'y arriverai jamais »**, **« Je suis nul (le) »** Au premier abord, ces petites phrases semblent anodines et sans grande importance. Pourtant, à force de répétition, elles prendront de plus en plus d'ampleur et de place dans votre subconscient, et finiront par devenir des croyances, au point que vous ayez beaucoup de mal à prendre des initiatives, à vous engager dans un projet durable, à développer votre confiance et votre estime de vous, et à gérer vos émotions. Vous aurez peur également de saisir les opportunités, parce que tout au fond de vous, vous pensez que vous n'êtes pas

capable, et que vous n'y arriverez pas. Vous risquez même de ne pouvoir vous lancer dans aucun projet sérieux et intéressant. Qui est le coupable ? Votre communication interne qui est négative. Elle vous met des freins, des barrières, et vous aurez beaucoup de difficultés à développer votre potentiel, et grandir en compétences et réussir à atteindre vos objectifs. En revanche, si vous vous parlez positivement : « **Je vais essayer », « Comment vais-je m'y prendre pour y arriver ?» « Je trouverai sûrement la solution ». « Si d'autres y arrivent, pourquoi pas moi ? »** Ces messages complètement différents, envoyés à votre cerveau, vous pousseront à chercher, et à trouver des solutions. Certainement, vous mettrez tout en œuvre pour y arriver. Et finalement vous y arriverez, puisque vous envoyez de bons messages à votre cerveau.

En fait, en saisissant bien le mode de fonctionnement de notre cerveau, notamment notre subconscient, nous sommes plus à même de **le diriger dans la direction que nous souhaitons, et en fonction des objectifs que nous nous fixons.** Nous prenons conscience aussi, que bien souvent, notre plus grand ennemi, est nous-mêmes, à cause des pensées négatives que nous entretenons dans notre for intérieur. Si nous voulons vraiment réussir, et aller de l'avant, il est impératif de développer un état d'esprit positif, de nous enrichir constamment de pensées stimulantes, réconfortantes, mais aussi de **nous entourer de personnes qui nous élèvent,** par leur bon état d'esprit et leur positive attitude.

CHAPITRE 5

Débarrassez-vous des

Mauvaises habitudes

Pour nous débarrasser des mauvaises habitudes qui se sont installées avec le temps, il nous faut tout **d'abord en prendre conscience, puis nous interroger sur leur impact dans notre vie,** dans nos projets, dans notre épanouissement et notre réussite.

<u>Pour cela, posons-nous les questions suivantes</u> :

Quelles sont les habitudes dont je voudrais me débarrasser ? Faites la liste de celles-ci. Puis demandez-vous, pourquoi je voudrais me débarrasser de telle ou telle habitude ? Dans quel but ? Quel sera l'intérêt pour moi ? Quels seront les bénéfices ?

Quelles sont, par exemple, les habitudes qui pourraient **m'empêcher de progresser dans le domaine professionnel ou personnel ?**

Les habitudes en question

Me dire souvent : « Je n'y arriverai pas » ou « A mon âge c'est trop tard » Ou « Je suis nul (e) ? » Ou « Je suis trop jeune pour... » « Je n'ai pas suffisamment de diplôme, de compétences, de connaissances » ? Ou « Je n'aime pas les formations » Ou « Je n'aime pas lire »....

Me réveiller très tard, quand je ne travaille pas.

Rester plusieurs heures devant la télévision.

Rester des heures au téléphone, à discuter de sujets sans intérêt.

Etre toujours en retard à mes rendez-vous

Me coucher très tard le soir (après 22h30).

Reporter au lendemain ce que je peux faire tout de suite, ou le jour même.

Arriver tard au travail, malgré les réflexions de ma hiérarchie.

Dépenser plus que mes capacités financières ne me le permettent.

De crier ou de devenir ordurier (e) lorsque je suis en colère.

De dire tout ce que je pense, parce que je suis une personne franche.

Me renfermer sur moi-même quand çà ne va pas.

Ne pas accepter les conseils.

Ne pas rembourser mes dettes.

Ne pas ouvrir le courrier que je reçois, par peur de recevoir des factures ou des nouvelles déplaisantes.

Vous l'avez bien compris, il s'agit de repérer les habitudes qui peuvent porter atteinte à votre progression, votre réussite, votre épanouissement. Elles peuvent même avoir des conséquences désastreuses dans votre carrière professionnelle, votre vie familiale ou personnelle. Ces réflexions vous aideront à prendre conscience des petits ou grands travers que vous avez, et qui peuvent être de réels freins pour l'atteinte de vos objectifs. Comprenez également que si vous voulez évoluer et réussir vos projets, vous devez tout faire pour **vous débarrasser des habitudes qui vous sont néfastes.** Et les remplacer rapidement par leurs contraires. Pour vous y aider, vous pouvez lire des livres, des revues, ou regarder des vidéos sur le sujet en question. Vous pouvez aussi **interroger une ou plusieurs personnes qui ont vaincu ces mauvaises habitudes,** et leur demander comment elles s'y sont prises pour changer. En général, elles sont très heureuses de partager avec vous leurs expériences et vous expliquer comment faire à votre tour.

Vous pouvez trouver également par vous-même des idées intéressantes, en faisant l'exercice suivant :

Prenez une feuille blanche, notez en haut, l'habitude que vous voulez acquérir. <u>Par exemple</u> : **« Comment faire pour être à l'heure à mes rendez-vous ? ».**

Dressez la liste de tout ce qui vous vient à l'esprit, pour répondre à cette question.

Efforcez-vous de trouver au moins 10 réponses. Vous trouverez sûrement la solution dans les réponses que vous avez apportées.

Maintenant, mettez en place un plan d'actions et commencer immédiatement ce que vous avez prévu de faire, car les choses importantes se font tout de suite, sans attendre.

Disciplinez-vous à respecter l'engagement que vous avez pris avec vous-même. Efforcez-vous de respecter chacune de vos actions, puisque c'est vous qui les avez planifiées.

Faites-le tous les jours, pendant au moins 21 jours, afin que la nouvelle habitude s'installe confortablement dans votre subconscient. Et continuez à la pratiquer dès que nécessaire, afin qu'elle s'enracine profondément. Faites-le avec détermination, discipline et rigueur, jusqu'à ce que cette nouvelle habitude devienne votre seconde nature.

Cet exercice peut être fait pour n'importe quel thème et dans tous les domaines de votre vie. Et surtout, prenez l'habitude d'écrire vos idées. Vous y verrez beaucoup plus claire, et trouverez plus facilement les solutions que vous recherchez.

« Pour arriver à changer votre vie,

Il faut à tout prix que vous changiez votre état d'esprit

En partant de l'intérieur, vers l'extérieur. »

Dr. Joseph Murphy

CHAPITRE 6

Saisissez les opportunités

Pendant votre période de chômage, vous disposez d'un peu plus de temps que quand vous travailliez. Cela veut dire que vous pouvez en **profiter pour exercer une activité qui vous a toujours passionnée. Mais aussi, développer des compétences que vous n'avez pas, à aujourd'hui.** <u>Par exemple,</u> vous pouvez apprendre à jouer d'un instrument de musique que vous aimez bien, faire du dessin, du théâtre, du chant, de la couture, de la broderie, de la peinture, de la décoration, de la sculpture, du bricolage, du modelage, de la mosaïque, l'art culinaire, ou autre activité de votre choix.

Vous pouvez aussi apprendre une **langue étrangère**, tellement utile à notre époque, voire indispensable, dans certains métiers, ou simplement pour être plus à l'aise quand vous voyagerez.

Succès - Réussite

Vous pouvez en profiter pour vous **instruire davantage** sur le métier que vous exerciez jusqu'ici, afin de renforcer vos connaissances.

Vous pouvez envisager aussi de faire une formation, ou vous procurer à la bibliothèque de votre quartier des livres sur les aptitudes professionnelles que vous souhaitez développer. Ou encore vous documenter sur le métier que vous souhaitez exercer prochainement, ce qui vous permettra de prendre de l'avance et d'être plus à l'aise une fois au poste, ou en formation. **En fait, les activités ne manquent pas. Il vous faut simplement, réfléchir sur ce qui vous motive et décider de vous y mettre, en attendant de retrouver du travail.**

Dites-vous, que quelle que soit l'activité que vous décidez de faire, **vous élargirez toujours vos connaissances, développerez votre créativité et vos compétences. Du même coup, votre confiance et votre estime de vous prendront de l'essor,** parce que vous comprendrez que vous pouvez faire bien plus de choses que vous l'imaginiez. Cela vous stimulera pour en faire davantage, et aller plus loin. Vous aurez des idées plein la tête,

Succès - Réussite

qui vous donneront envie de vous mettre à l'épreuve, vous prouvant ainsi que vous êtes capable d'être excellent dans ce que vous faites, même en dehors de votre activité métier.

« Il suffit de commencer,

Et ton esprit s'enflammera ; continue,

Et ta tâche s'accomplira. »

Goethe

CHAPITRE 7

Gardez votre joie

Si vous êtes en recherche d'emploi, depuis un moment, vous avez sûrement hâte d'en finir. Surtout, si vous avez envoyé des dizaines et des dizaines de CV, qui sont restés sans réponses. Ne vous découragez pas pour autant et restez motivé (e). Il est **indispensable de rester joyeux (se)** et de **garder un bon état d'esprit**, jusqu'à ce que vous trouviez le poste que vous recherchez. Comment rester joyeux ?

En pensant continuellement au résultat final que vous allez obtenir, c'est-à-dire le fruit de votre travail de recherches.

En vous rappelant que la persévérance est toujours payante. D'ailleurs, un adage populaire dit : « Celui qui sait attendre, sera récompensé au bon moment.» Il en est de même pour celui qui cherche du travail. Si vous continuez à garder un bon état d'esprit, vous récolterez, à un moment donné, tous les fruits de votre courage. Soyez-en certain.

Chantez, dansez, riez. Cela vous permettra de patienter, en attendant que votre récompense arrive. Ne laissez surtout pas la tristesse, l'amertume ou le stress vous gagner, au point de vous faire perdre votre joie. **Le rire est incontournable** non seulement pour se détendre mais, il fait aussi, comme le sport, partie d'un mode de vie. Beaucoup d'études ont vu le jour sur le rire, et on connaît mieux ses mécanismes, et surtout son impact sur la santé et les relations. Après une bonne séance de rire, la vie paraît plus simple, plus facile et plus joyeuse. **Le rire fait du bien, détend et rend plus optimiste,** en partie grâce à la bonne dose d'endorphines (apaisent la douleur) qui sont sécrétées. C'est pourquoi les associations de « Clown à l'hôpital » sont connues pour apaiser et calmer. Le rire fait oublier pendant un moment nos problèmes. Recherchez-donc sans arrêt des occasions de rire.

Lisez, écrivez, dessinez et faites du ménage à fond. Mettez de l'ordre dans vos placards, faites de bons gâteaux pour vos enfants, du canevas, du tricot, du sport ou d'autres activités qui vous permettront de **développer d'autres compétences**, tout en continuant à chercher du travail. Garder votre joie ne vous

Succès - Réussite

empêchera pas de trouver du travail, au contraire. Lors de vos entretiens d'embauche, vous serez plus souriant (e) plus agréable et plus détendu (e). Et vous serez moins stressé (e).

ETAPE 1 - POSEZ-VOUS LES BONNES QUESTIONS

CHAPITRE 8

Faites une introspection

Pour trouver le poste de vos rêves, il vous faut faire d'abord une introspection. Cette pratique consiste à regarder ce qui se passe à l'intérieur de vous, pour découvrir ce qui vous anime, **votre vraie personnalité, vos sentiments les plus profonds, vos besoins réels**, ce que vous voulez vraiment et ce qui vous est possible de faire.

Pendant des années, vous avez pensé et agi d'une certaine manière, en fonction de ce que vous croyiez bien pour vous. <u>Par exemple</u>, lors de vos précédentes recherches d'emploi, peut-être que vous choisissiez systématiquement les mêmes postes, pensant que vous ne pouviez pas aller vers une autre voie, ou un poste différent. Pourtant, tout au fond de vous, vous avez envie d'exercer un autre métier. En fait, vous ne vous donniez pas le droit de vous intéresser à un autre poste, car cela vous semble impossible, sans diplôme ou formation dans le domaine.

Aujourd'hui, comment pouvez-vous voir votre avenir autrement ? Déjà, dans un premier temps, **comprenez qu'il est important pour vous de sortir de ce labyrinthe cérébral,** qui consiste à penser année après année, que vous ne pouvez vous dirigez que vers ce que vous connaissez ou avez déjà pratiqué. De croire également, que le métier que vous rêvez de faire ne vous sera jamais accessible. Qu'il est trop tard pour changer. Que la vie s'acharne sur vous, et que vous ne pouvez pas réussir.

Dites-vous que toutes ses idées sont fausses. Pourquoi d'autres y arriveraient, et pas vous ? Qu'est-ce qui vous empêche de le faire ? Vous n'êtes pas plus bête que les autres. A partir d'aujourd'hui, dites-vous à haute voix : **« Stop ! Maintenant çà suffit ! A partir de maintenant, je décide de voir les choses autrement.»** Oui ! Immédiatement, décidez en **pleine conscience, de développer un état d'esprit différent**. Et vous constaterez par vous-même, comment votre état d'esprit, votre vision, votre regard sur la vie et sur vous-même changeront. Vous passerez à un autre stade. A partir du moment, où vous comprenez et **décidez de voir** les choses différemment, **tout change pour vous, grâce à votre nouvelle vision.** Cependant, c'est à vous de le décider, et non les autres pour vous. Dites-vous que comme tout le monde, vous avez des désirs, des rêves, et que vous avez le droit de vouloir les réaliser. Prenez ce droit qui vous appartient et décidez avec détermination, confiance, engagement, que vos projets peuvent s'accomplir.

Ensuite, croyez que c'est possible. Dites-vous que d'autres connaissent le bonheur et la réussite. Ils atteignent leurs objectifs et réalisent leurs rêves. Si cette réussite existe pour eux, cela veut dire qu'elle existe aussi pour vous, et que vous pouvez la connaître. A une seule condition toutefois, que vous y croyiez vraiment. Parce que si vous êtes convaincu (e) que cela est possible, alors vous mettrez tout en œuvre pour y parvenir, et vous y parviendrez.

La première démarche consiste donc à **prendre conscience de, qui vous êtes, ce que vous voulez, et où vous voulez aller.** Pour y voir clair, il faudra **réfléchir sur papier,** et prendre le temps de répondre à certaines questions.

Je vous suggère donc de **prendre une feuille blanche, un stylo, de vous asseoir** confortablement, d'éteindre votre portable et de vous concentrer sur les questions suivantes :

CHAPITRE 9

Les questions à vous poser

Concernant vos objectifs :

« **Pourquoi** je veux travailler ? »

« Qu'est-ce que **je veux** vraiment faire ?»

« Qu'est-ce que **je ne veux plus** faire ?»

« Qu'est-ce qui me **passionne** le plus dans la vie ?»

« Quels sont mes **centres d'intérêt** ?»

« Vers quoi je **voudrais aller** ?»

« Quel est mon plus **grand rêve** ?»

« Comment vais-je **m'organiser** pour exercer ce métier que je veux faire ?

« Comment j'imagine ma vie **dans les dix ans** à venir ? »

Succès - Réussite

Concernant votre personnalité :

« Quelles sont mes **qualités ?** »

« Quelles sont mes **forces ?**»

« Comment puis-je utiliser mes qualités et mes forces pour mes **recherches d'emploi ?**»

« Quelles sont mes **faiblesses** sur le plan professionnel ?»

« Qu'est-ce qui m'a **empêché de réussir** comme je le voulais ? »

« Quelles sont **les valeurs** qui sont les plus importantes pour moi dans la vie » ?

Concernant vos expériences professionnelles :

« Quelles ont été mes **meilleures expériences** professionnelles jusqu'ici ?»

« Dans quelles Entreprises, me suis-je senti (e) **le plus épanoui, (e)** et pourquoi ?»

Succès - Réussite

« Quelles sont les **compétences** que j'ai développées à ce jour ?» (Voir tableau page suivante).

« Qu'est-ce qui m'a vraiment poussé à **démissionner** de mon ancien poste ?»

« Quel est le motif réel de mon **licenciement ?»**

« Pourquoi n'ai-je **pas apprécié (e)** de travailler dans telle ou telle Entreprise » ?

«Qu'est-ce qui fait que je n'obtiens que des **missions d'intérims**, des contrats à durée déterminée **(CDD)** et non un emploi définitif ? »

Concernant votre avenir professionnel :

« Est-ce que je suis vraiment **prêt (e) à travailler** ? »

« **Quel métier** je me vois bien exercer avec plaisir » ?

« **Quel salaire** je veux obtenir ?»

« Dans quel **département ou ville,** je voudrais travailler ? »

Succès - Réussite

« Ai-je un **moyen de transport** personnel pour mes déplacements (voiture, vélo, scooter) ? »

 « Quel est mon **style d'Entreprise** ? »

« Est-ce que je veux travailler à **temps plein**, temps partiel, le week-end, les jours fériés, la nuit ?

« Est-ce que je préfère **travailler en équipe** ou seul (e) ?

« Est-ce que je me vois **faire une formation** ? Si oui, laquelle, et sur quelle **durée** ?

« Est-ce que je voudrais un **CDI, un CDD**, faire de l'**intérim** ? »

« Est-ce que j'envisage de me mettre **à mon compte ?** »

« Est-ce que mon **projet est clairement défini** ? »

« Est-ce que ce **projet correspond à ce que j'aime** faire, ou pas du tout ? »

« Est-ce que **ma santé**, ma vie personnelle, ma vie familiale me permettent de réaliser ce projet ? »

Succès - Réussite

« Ai-je **besoin d'aide** pour mes recherches d'emploi ou mon projet ? »

« Comment je vais **m'organiser au quotidien** pour trouver ce que je cherche ? »

« Quel est l'avantage pour moi d'apprendre une **langue étrangère** ? »

« Comment pourrai-je **améliorer mon Français** ? »

Succès - Réussite

Ce tableau peut vous servir de modèle pour clarifier vos objectifs. Notez tout ce que vous voulez faire, et ne voulez ou ne pouvez plus faire.

Ce que je VEUX FAIRE Ce que je PEUX FAIRE	Ce que je ne VEUX PAS Ou Ne PEUX PLUS FAIRE
Une formation	Avoir + d'1 heure de trajet
Travailler avec des enfants	Travailler en équipe
Travailler à mi-temps	Travailler dans une grande structure.
Travailler à l'étranger	Prendre les transports en commun.
Enseigner les langues	
Travailler proche de chez moi.	Travailler pour un patron
Me mettre à mon compte	Faire le même métier
Devenir informaticien	……

CHAPITRE 10

Pensez à votre vie personnelle

Qu'on le veuille ou pas, notre vie personnelle a un impact important sur notre vie professionnelle, et vice versa. Dans les questions que vous vous posez concernant le métier que vous voulez exercer, la nature du contrat, le lieu géographique, le secteur d'activité, les jours de travail, les horaires... **pensez toujours à faire un lien avec votre vie personnelle.** <u>Par exemple</u>, si vous avez des enfants en bas âge, et que vous êtes seul (e) à les élever, avant de commencer à chercher votre du travail, il faudra vous demander : « Comment je vais m'y prendre pour les amener à l'école le matin ? Les récupérer en fin de journée ? Qui pourra le faire à ma place ? Pourrais-je payer ? Dois-je accepter de travailler le week-end ou les jours fériés, et loin de chez moi ? » En y pensant dès le départ, vous allez vous orienter naturellement vers des postes qui correspondront à votre vie de famille. Et une fois au travail, vous serez plus serein (e), car vous avez pris dès le départ les dispositions nécessaires.

Succès - Réussite

CHAPITRE 11

Comment clarifier vos compétences ?

Vos compétences sont toutes les choses que vous savez faire. Je dis bien tout. Que ce soit des **compétences professionnelles ou extra-professionnelles,** mais également des **compétences comportementales,** que vous avez développées avec les années, aussi bien au travail que pendant le week-end, pour des amis, pour vous distraire, ou occasionnellement. Ne négligez aucune compétence.

Votre compétence professionnelle, c'est d'abord votre savoir faire mis en œuvre et qui va contribuer à un résultat, voire une performance. En faisant l'examen de vos compétences vous pourrez, peut-être, faire émerger le métier de vos rêves. En les exprimant par écrit, vous allez aussi vous rendre compte que vous savez faire beaucoup plus de choses que vous ne le croyez.

Votre compétence comportementale, c'est votre savoir-être. Celle-ci est en général très appréciée et recherchée par beaucoup d'employeurs. Il s'agit de vos qualités humaines et relationnelles. Par exemple, votre esprit d'initiative, votre autonomie, votre flexibilité, votre sens de l'organisation, votre capacité à travailler en équipe, votre résistance au stress, votre efficacité et votre créativité.

Voici un modèle de tableau que vous pouvez utiliser pour faire ressortir toutes vos compétences.

Tout ce que JE SAIS FAIRE
Taper à la machine
Faire des pizzas
Répondre au téléphone
Coudre – Faire de la broderie
Parler plusieurs langues (Anglais - Espagnol…).
Conduire - Jardiner
Ecrire des poèmes
Dessiner
Jouer à la guitare - Chanter
Faire des spécialités culinaires
Faire des gâteaux - …

Succès - Réussite

Une fois que vous avez bien réfléchi et que vous n'avez plus de compétences à indiquer, **faites également un tableau pour ce que vous aimez le plus, réaliser.** Il s'agit maintenant d'activités que vous affectionnez particulièrement. Celles que vous faites naturellement et sans vous forcer.

En vous concentrant sur ce tableau (page suivante), **vous allez mieux comprendre pour quel genre de métier vous êtes fait** et pourquoi vous n'étiez pas vraiment heureux à vos postes précédents. Après cette analyse, vous vous sentirez bien mieux et plus confiant (e) pour votre avenir.

Ce que J'aime VRAIMENT FAIRE

Former les autres

Enseigner - Conseiller

Garder des enfants

Réparer des voitures

M'occuper de mon jardin

Coudre

Faire des pizzas

Créer des objets

Faire de la décoration

Etre sur scène

Jouer d'un instrument

….

Succès - Réussite

Une fois que vous avez bien réfléchi sur la liste de « Ce que j'aime vraiment faire », **entourez dans un premier temps les trois activités** qui sont les plus importantes pour vous.

<u>Par exemple,</u> former les autres, réparer les voitures, faire de la pâtisserie. Maintenant, si vous deviez **garder que deux** activités sur les trois, lesquelles choisiriez-vous ? Puis de nouveau, recommencer afin de **garder qu'une seule activité**.

C'est ce que l'on appelle « l'effet entonnoir » Des trois activités choisies, vous trouverez l'activité qui a vraiment le plus d'importance pour vous. Et à la fin de cette analyse, Demandez-vous : Pourquoi ce métier me plaît tant ? Comment je me vois exercer ce métier ? Est-ce que je peux l'exercer ? Dans quel cadre ? Quelles sont les entreprises qui embauchent ? (Voir le chapitre 9 sur les questions à vous poser).

Maintenant, rechercher la **fiche du métier qui compte le plus pour vous, et comparez-la** à vos compétences actuelles, ainsi qu'à vos qualités, aux formations que vous avez faites dans le domaine du métier en question.

Succès - Réussite

Puis continuez vos recherches. Faites-vous aider si vous en avez besoin, pour avancer vers ce métier qui semble contribuer à votre épanouissement.

CHAPITRE 12

Repérez les blocages que vous rencontrez

Qu'est-ce qui vous empêche de trouver du travail ? Est-ce votre santé ? Votre situation de famille ? Votre motivation ? Vos relations avec votre Conseiller ? Vos compétences ? Votre manque de formation ? Vos doutes ? Votre manque de confiance en vous ? Votre âge ? Avez-vous peur du monde du travail ? Est-ce le salaire qui ne vous convient pas ? Les mauvaises expériences passées ?

Quel est votre dialogue interne ? Comment vous parlez-vous dans votre tête ? Comment vous préparez-vous pour vos rendez-vous avec votre Conseiller ? Est-ce que vous préparez à l'avance les questions que vous lui poserez ? **Quelle est votre tenue vestimentaire ?** Est-ce que vous vous habillez correctement, comme quelqu'un qui va à la rencontre de quelqu'un d'important et qu'il respecte ? Ou est-ce que vous

Succès - Réussite

êtes négligé (e) parce que vous considérez que ce rendez-vous n'a aucune importance ?

Concernant les recherches que vous faites. Est-ce que vous êtes autonome, ou avez-vous besoin d'être accompagné (e) pour les faire ? Avez-vous pensé demander de bénéficier d'une formation à votre Conseiller ? Est-ce que vous savez vous servir d'internet en toute autonomie, ou avez-vous besoin d'aide ? Est-ce que vous en avez parlé à votre Conseiller ? Avez-vous un ordinateur à la maison qui vous permet de chercher du travail sans vous déplacer ? Savez-vous chercher du travail sur le net, en dehors du site de Pôle Emploi ? Avez-vous un CV qui vous met suffisamment en valeur ? Est-ce que votre CV montre clairement le poste que vous recherchez ?

En fait, si vous voulez vraiment débloquer votre situation actuelle, il est indispensable de vous poser ces questions et de chercher à y répondre. Travaillez sur vos besoins réels, ou faites-vous aider pour trouver des solutions. En faisant ce qu'il faut, vous constaterez par vous-même que votre Conseiller, et les personnes qui vous entourent seront davantage motivées pour vous aider à réussir. Ecrivez clairement vos besoins. Mettez en place un plan d'actions pour améliorer votre situation.

ÉTAPE 2 - DÉFINISSEZ UN AXE DE RECHERCHE

CHAPITRE 13

Répondez à toutes les questions précédentes

I est absolument nécessaire que vous répondiez aux questions que vous vous êtes posées jusqu'ici. Ces réponses sont indispensables pour que vous avanciez correctement dans vos recherches. Elles vous permettront de clarifier votre situation, et surtout de répondre à vos vrais besoins.

Utilisez les modèles de tableaux qui vous sont proposés dans les chapitres précédents. **Et, surtout prenez le temps de réfléchir pour chacune d'elles.** Vous avancerez ainsi dans le bon ordre, et n'aurez plus besoin de vous poser plusieurs fois les mêmes questions. Ce sera une affaire classée.

Il se pourrait également que vous ayez besoin de **l'accompagnement d'un professionnel pour réaliser cette démarche.** Beaucoup de personnes se font accompagner, surtout pour développer leur confiance et leur estime d'elle, apprendre à bien gérer le stress au quotidien, mieux gérer les conflits, ou se débarrasser des peurs qui sont bloquantes à la réussite. Vous pouvez aussi vous faire accompagner tout simplement pour vous aider à trouver le poste de vos rêves. Je vous en parle davantage dans le chapitre suivant.

CHAPITRE 14

Faites un « Strong » pour bien vous orienter

S i vous avez occupé plusieurs postes à ce jour, peut-être êtes-vous perdu (e) dans vos recherches. Du coup, vous ne savez pas très bien quel est le métier qui pourrait vous correspondre. Pensez à l'introspection que vous avez fait, qui vous a permis d'avoir une meilleure vision de vous-même, de ce que vous voulez vraiment, et de l'endroit où vous souhaitez aller. Suite à cet examen profond, vous devriez avoir quelques pistes de réflexion sur lesquelles vous pouvez vous appuyer. D'autre part, il existe un **outil formidable, spécialisé dans l'orientation professionnelle,** que nous utilisons chez « AS Performance » pour aider les personnes qui veulent savoir quel métier leur correspond le plus, afin de prendre la bonne orientation professionnelle et réaliser un projet ou choisir la bonne formation. Cet outil s'appelle le **« Strong »** et est considéré comme scientifique, tant ses **résultats sont fiables.** Il est fait d'un questionnaire de 291 questions qui tient compte de tous vos centres d'intérêt et dans tous les domaines : métiers, loisirs, apprentissage, leadership, formations et autres. A la suite de cet inventaire, vos réponses sont comparées à celles de personnes appartenant aux 130 métiers référencés, et du même sexe que le vôtre. Puis le résultat vous est délivré, en vous indiquant votre profil dans - Les Domaines Professionnels Généraux (DPG) - Secteurs d'Intérêts de Bases (SIB) et les 10 métiers qui vous correspondent le plus. En très grande majorité, **les bénéficiaires du « Strong » sont ravis de leur résultat** et repartent sereins, confiants, car cet outil les aide vraiment à avancer dans leur vie professionnelle, et personnelle.

<u>Si vous êtes un jeune adulte</u> qui recherche la bonne orientation, hésite entre continuer ses études, et entrer sur le marché de l'emploi, le **« Strong »** vous donnera de belles pistes de réflexion pour vous aider à prendre une bonne décision. En fait, quelle que soit votre situation professionnelle, le **« Strong »** vous permettra d'avoir un autre regard sur votre vie professionnelle et sur vous-même. Il vous donnera des atouts pour aller de l'avant, entreprendre, développer des

compétences, mais aussi avoir d'avantage confiance en vous. Vous serez également plus à l'aise lors de votre prise de poste, parce que vous avez bien réfléchi pour trouver votre voie.

Si vous souhaitez faire un « Strong », regardez sur notre site www.asperformancefrance.com et prenez contact avec nos services.

Succès - Réussite

CHAPITRE 15

D'autres outils pour votre Orientation

Bilan de Compétences – Validation des Acquis de l'Expérience (VAE) – Formation – Çà vous parle ? Ce sont des outils qui peuvent être très efficaces pour votre orientation. Ils sont à choisir selon votre situation et vos objectifs. Je vous ai largement parlé du « Strong » au chapitre 14, qui vous permet de trouver les 10 métiers qui correspondent à vos centres d'intérêt et votre style personnel. Ici, il est question d'autres outils qui vous aideront aussi dans votre carrière professionnelle. Ils sont différents tant dans leur fonction que leur finalité. Regardons-les dans le détail :

Le Bilan de Compétences

Le Bilan de compétences est l'analyse et l'évaluation de vos compétences professionnelles et personnelles, ainsi que de vos aptitudes et de vos motivations. Il se fait avec un Professionnel spécialisé dans le domaine. **Il permet à un salarié ou un demandeur d'emploi de faire le point sur sa carrière professionnelle,** en analysant ses compétences acquises durant ses diverses expériences et ses études. Cette démarche vise à cerner vos motivations et vos atouts afin **d'envisager une évolution professionnelle ou confirmer un projet de formation**. **Il se déroule en 3 étapes et dure au maximum 24 heures,** découpées en plusieurs rendez-vous. L'étape n°1 représente la première phase et permet de faire connaissance avec le consultant qui vous accompagnera, de définir vos besoins et de vous présenter le déroulement du Bilan. L'étape N°2 est la phase d'investigation. Dans cette phase, le consultant analyse vos aptitudes et vos centres d'intérêts. Enfin, l'étape n°3 est la phase de conclusion. A ce stade, vous reprenez votre projet et en définissez les étapes afin d'y arriver. A la fin, un document de synthèse vous est remis. D'autre part,

Succès - Réussite

il faut savoir que **le Bilan de compétences est ouvert à tous.** Il peut être à l'initiative du salarié si vous travaillez encore, ou à votre initiative si vous êtes demandeur d'emploi. Le salarié qui choisit de le faire en dehors du temps de travail n'est pas dans l'obligation d'avertir son employeur. Dans le cas contraire, le salarié devra demander un congé de Bilan de compétences et voir les conditions à remplir auprès de son employeur. Si vous étiez salarié en CDI ou en CDD, vous y avez droit. **Renseignez-vous sur les conditions ainsi que les sources de financement.**

Vous pouvez donc demander à Pôle Emploi de bénéficier d'un Bilan de Compétences, pour faire le point sur votre carrière, si vous ne pouvez pas le faire seul (e). Cet accompagnement étapes par étapes vous permettra de mieux les analyser, et surtout à y voir plus clair, afin de faire émerger toutes vos aptitudes et les exprimer comme il se doit.

La Validation des Acquis de l'Expérience (VAE)

La Validation des Acquis de l'Expérience **est un droit individuel inscrit à la fois dans le Code du travail et dans le Code de l'éducation.** Toute personne engagée dans la vie active est en droit de faire valider les acquis de son expérience, notamment professionnelle, en vue de l'acquisition d'un diplôme, d'un titre à finalité professionnelle ou d'un certificat de qualification. **La VAE est ouverte à tous** : il n'y a aucun **critère d'âge, de statut (salarié, artisan, bénévole, travailleur indépendant, intérimaire, etc) ou encore de niveau de formation requis**. La seule condition est de justifier d'une année au minimum d'expérience professionnelle présentant un lien direct avec le contenu et le niveau du diplôme visé. Ainsi, la VAE permet d'obtenir un diplôme correspondant à votre expérience professionnelle. **Vos compétences acquises au fil des années sont ainsi valorisées au même titre que si vous les aviez acquises par une formation équivalente.**

Par le biais de la VAE, **vous pouvez obtenir tout diplôme ou titre à finalité professionnelle,** sous la réserve impérative qu'il soit inscrit au RNCP (Répertoire national des certifications professionnelles). Les titres et diplômes obtenus par la VAE sont les mêmes que ceux délivrés par la voie de la formation "classique" : le document qui vous est remis ne mentionne pas la voie d'accès empruntée. Quel que soit le diplôme ou certificat souhaité : **CAP - Bac pro – Bac techno – BTS - Licence pro – Master - Titre d'ingénieur**, vous pouvez demander de faire une VAE. Pour mieux cerner le diplôme ou titre professionnel auquel vous pouvez prétendre et le certificateur concerné, renseignez-vous auprès d'un point relais VAE présent dans diverses structures **(Pôle emploi - Mission locale - CIO- ...)**. Faire une VAE peut être très avantageuse pour vous. Imaginons, par exemple que vous soyez une Secrétaire autodidacte, qui a exercée pendant 5 ans dans cette fonction mais sans avoir de diplôme. Et bien, vous pouvez obtenir un BAC Pro Secrétariat ou même un BTS Assistante Manager (en fonction de votre parcours) par le biais de la VAE. C'est également le cas pour beaucoup d'autres métiers.

Comment se déroule une VAE ?

On ne bénéficie pas d'une VAE, mais on s'engage dans une VAE. **C'est un investissement personnel**, comme le fait de suivre une formation. La VAE commence par l'identification du diplôme visé. Une étude du parcours professionnel permettra de trouver le diplôme le plus en adéquation avec l'expérience professionnelle. Pour cela, le candidat à la VAE peut être épaulé gratuitement par un conseiller du Point Relais Conseil VAE de sa ville. Suivant les Points Relais Conseil, vous obtenez plus ou moins rapidement un rendez-vous. Puis, en fonction du diplôme visé, il faut compléter un document, appelé <u>livret 1,</u> qui est en quelque sorte un CV détaillé. Ce livret 1 sera présenté à l'organisme certificateur (organisme susceptible de vous délivrer le diplôme) qui validera, ou non, votre candidature. Si le certificateur considère que votre expérience professionnelle est en lien avec le diplôme visé, il vous délivrera votre recevabilité qui sera le point de départ de votre demande de prise en charge. Une fois le financement trouvé, il faudra rédiger le <u>livret 2</u>, et le présenter devant un jury. Un oral devant ce même jury clôturera le processus.

Succès - Réussite

L'accompagnement à la VAE et les frais d'inscriptions peuvent être financés de plusieurs manières. Soit par **l'employeur** dans le cadre du plan de formation (si vous êtes encore en poste). Soit par un **OPACIF** (ex : FONGECIF) dans le cadre du Congé Individuel de Formation VAE. Soit par les heures cumulées sur le Compte Personnel de Formation **(CPF)** qui remplace le compteur DIF. Soit par **Pôle Emploi par le biais de l'AIF** (Aide Individuelle à la Formation). Ou par **vous-même**, avec vos deniers personnels. Prenez le temps de bien vous renseigner, afin de bénéficier de tous les avantages et conseils possibles sur le sujet.

Succès - Réussite

La Formation pour enrichir vos connaissances

La formation professionnelle continue est un droit individuel permettant à toute personne, une fois entrée dans la vie active, de continuer à se former. Elle s'adresse à tous : demandeurs d'emploi, salariés, travailleurs non-salariés, travailleurs reconnus handicapés. Mais vous vous demandez peut-être, **pourquoi continuer de se former ? Quel est l'intérêt, une fois dans la vie active, d'engager du temps et de l'argent dans une formation métier ou une formation courte ? Est-il indispensable de se former tout au long de la vie ?**

La raison majeure est l'actualisation de vos compétences et l'acquisition de nouvelles compétences. Face aux nombreux changements que connaît le monde de l'entreprise, vous avez besoin de vous adapter en permanence pour rester performants à votre poste. Et pour vous adapter, il faut vous former ! Une formation vous permettra aussi de conserver votre poste actuel : les métiers évoluant sans cesse, il faut être constamment opérationnel pour rester dans la course ! Le moyen le plus sûr de conserver son emploi aujourd'hui est donc d'actualiser vos compétences régulièrement, en vous formant en permanence. Il n'y a pas d'âge pour évoluer dans sa carrière et pour se reconvertir. En choisissant une formation métier en moins d'un an, vous pouvez ainsi changer de vie !

Différentes solutions s'offrent à vous :

Une formation métier en alternance : elle permet l'apprentissage de nouvelles connaissances et compétences métiers, et leur mise en pratique dans le cadre d'une période d'application en Entreprise.

Une formation courte : elle permet d'acquérir rapidement les compétences qui vous manquent pour exercer un nouveau métier ou d'approfondir vos compétences pour vous sentir plus à l'aise et monter en grade dans l'emploi que vous avez, et obtenir ainsi une promotion. <u>Par exemple</u>, certains centres de formation vous proposent des formations métiers en **8 mois en alternance**, adaptées aux adultes, salariés et demandeurs d'emploi, qui souhaitent se former à un nouveau métier. Vous trouverez ces organismes sur Internet.

Succès - Réussite

Réfléchissez d'abord à ce que vous voulez faire et voulez être : devenir de plus en plus expert dans le métier que vous exercez ? Essayer de prendre plus de responsabilités ? Utiliser vos compétences pour changer de métier ? Prendre un poste de manager ? Faire une formation vous permet d'obtenir un diplôme reconnu. **Le diplôme a son importance en France**. Décrocher un diplôme reconnu, tel qu'un titre RNCP reconnu par l'Etat ou une certification professionnelle reconnue par la FFP, est un gage d'employabilité. Le diplôme donne confiance aux recruteurs, en ce sens qu'il constitue une reconnaissance de vos compétences et connaissances métier. En général, le diplôme rassure ! En fait, tout dépend de votre objectif, de vos besoins, du métier que vous visez. **Mais sachez que vous y gagnerez toujours à faire une formation.**

CHAPITRE 16

Les avantages d'avoir un Coach individuel

En vous faisant accompagner individuellement pour vos recherches d'emploi, ou reconversion professionnelle, par un Coach Professionnel ou Conseiller en Evolution Professionnel, **vous y trouverez plusieurs avantages**. **Le premier** est que vous trouverez plus rapidement du travail, car il mettra à votre dispositions ses expériences, ses outils, ses compétences, pour vous aider à atteindre rapidement vos objectifs. **Le deuxième avantage** est que durant l'accompagnement, vous serez amené à surpasser des problèmes, et à trouver des solutions adaptées à votre situation. Il vous aidera à prendre la bonne décision face aux difficultés que vous rencontrerez. Cet accompagnement vous permettra également d'augmenter votre performance, car vous pourrez mieux identifier les différents blocages que vous avez déjà rencontrés dans le passé, et qui ont portés atteinte à votre réussite professionnelle.

Succès - Réussite

Le troisième avantage est que vous développerez votre confiance et votre estime de vous, votre potentiel, ce qui vous permettra d'agir autrement que par le passé. Vous aurez un autre regard sur vous-même, sur vos capacités, vos compétences, grâce au travail que vous ferez avec votre Coach en individuel. Ainsi, vous serez plus fort (e) pour envisager un avenir plus heureux. Vous améliorerez également votre communication (interne et avec les autres). Vous allez mieux gérer les conflits, dès maintenant, que ce soit dans votre vie privée ou votre vie professionnelle future. Vous bénéficierez d'un espace de liberté où vous serez guidé (e) en toute confidentialité, neutralité, vers des solutions adéquates à vos problèmes. **Vous serez accompagné (e) étape par étape**, afin de puiser en vous-même la motivation nécessaire. Notez enfin que votre Coach n'influencera en aucun cas votre décision. Il vous éclaire seulement sur la bonne voie dans la réalité professionnelle.

Chez AS Performance, nous accompagnons au quotidien, et faisons le même constat pour tous : le Coaching en Développement Professionnel ou en Développement

Succès - Réussite

Personnel permet aux bénéficiaires de transformer leur vie, de développer leur potentiel, leur confiance en eux, et de reprendre leur vie professionnelle et personnelle en main. Ces personnes découvrent leurs ressources et comprennent qu'elles peuvent en faire quelque chose de beau, aussi bien pour elles-mêmes qu'au profit de leur entourage. Elles en viennent à se sentir mieux au travail, à gérer leurs émotions avec plus de facilité, à vivre autrement avec des personnes difficiles ; que ce soit en famille ou au travail. <u>Par exemple</u>, des parents nous disent qu'ils ont de meilleures relations avec leurs enfants depuis leurs séances de coaching. Auparavant, ils avaient souvent des conflits en famille. Maintenant, ils savent beaucoup mieux gérer et peuvent aider leurs enfants à réussir et à développer leur confiance en eux. Le Coaching individuel offre beaucoup d'avantages, notamment celui de devenir la meilleure version de soi-même, en travaillant sur nos points faibles.

Succès - Réussite

CHAPITRE 17

Pensez à plus tard, dès maintenant

Avez-vous un plan de carrière (plan professionnel pour l'avenir) ? Toute personne qui travaille peut se faire un plan de carrière. Vous aussi, vous pouvez mettre en place votre plan de carrière. Pour le mettre en place, il est nécessaire de vous demander : **Comment je veux être dans 2 ans, 3 ans, 5 ans, 10 ans ?** A quel poste je me vois ? Qu'est-ce que j'aimerai faire ? Est-ce j'aimerai me mettre à mon compte ? Partir à l'étranger ? **Qu'est-ce que j'envisage de faire dans l'avenir ?** Et comment m'y prendre dès aujourd'hui ? Dois-je envisager dès maintenant une formation ?

En fait, le plan de carrière vous permet de commencer à réfléchir à un plan d'actions. De planifier votre prochaine réussite. Il vous permet également de commencer à visionner l'atteinte de vos objectifs.

<u>Par exemple</u>, imaginons que **vous envisagez d'ouvrir un restaurant dans 2 ou 3 ans.** Avec le plan que vous ferez par écrit, vous pourrez dès maintenant commencer à vous documenter, vous renseigner, mettre de l'argent de côté chaque mois pour votre projet. Ainsi, ce dernier prendra plus facilement vie dans votre esprit, et vous alimenterez petit à petit votre motivation pour lui. **Vous pourrez même envisager d'accepter un travail intermédiaire** pour le moment, sachant qu'il vous donne la possibilité financière de réaliser votre rêve très bientôt. Le plan de carrière est très intéressant car il vous permet d'anticiper l'avenir et de mieux vous projeter vers votre réussite.

Succès - Réussite

ETAPE 3 - CONCERNANT VOS RECHERCHES

Succès - Réussite

CHAPITRE 18

Pourquoi bien vous organiser ?

Il est important de bien vous organiser, parce que je suppose que vos occupations, ne s'arrêtent pas uniquement à retrouver un emploi, mais également à vous occuper de vous, de votre famille, des courses, du ménage, de votre administratif et d'autres activités. Malgré toutes ces occupations, de mauvaises habitudes peuvent très vite s'installer, puisque vous avez beaucoup plus de temps que quand vous travailliez. <u>Par exemple</u>, vous pourriez avoir envie de vous réveiller beaucoup plus tard le matin, passer plus de temps devant la télévision, appeler plus souvent vos amis, faire les magasins... Ces pratiques ne sont pas mauvaises en soi, mais sont très chronophages. Et le temps passe très vite. Il est donc utile pour vous d'être bien organisé. Voyons comment faire concrètement au chapitre suivant.

Succès - Réussite

CHAPITRE 19

Comment vous y prendre ?

Listez en priorité les tâches les plus importantes, que vous devez réaliser, puis mettez les autres en fin de liste.

Planifiez vos journées, en faisant un programme écrit de chaque tâche que vous devez faire. Notez de quelle heure à quelle heure, vous ferez chacune d'elle.

Préparez ce programme la veille au soir.

Eteignez votre portable, ou mettez-le en mode silencieux pendant vos recherches d'emploi, afin de rester concentré sur ce que vous faites.

Consacrez une journée entière si nécessaire, pour vous concentrer à 100% sur une tâche importante que vous devez faire.

Faites des recherches sur Internet, et sur Pôle Emploi.

Examinez les annonces dans les journaux, les offres en ligne et les sites dédiés à l'emploi.

Pensez à utiliser le « Marché Caché » qui comprend : vos relations, votre réseau, vos amis, le bouche à oreille, et d'autres avantages que vous trouverez au chapitre suivant.

Honorez toutes les convocations de votre Conseiller Emploi.

Participez à des « Job Dating », c'est du recrutement fait directement par les Entreprises, notamment si vous êtes dans les secteurs comme le BTP, le service à la personne, la relation clientèle, la restauration...

Préparez des cartes de visites que vous aurez en permanence sur vous, que vous utiliserez dès qu'une opportunité se présentera.

Prévoyez des temps de pause dans vos recherches pour vous permettre de réfléchir tranquillement.

Succès - Réussite

Servez-vous des temps de pause pour faire de la relaxation ou du sport, pour vous détendre l'esprit et le corps.

Consacrez 3 jours par semaine à vos recherches d'emploi, et faites-le à fond. Les autres jours faites autres choses.

Succès - Réussite

CHAPITRE 20

Les avantages du « Marché Caché »

Pour vos recherches, surtout, pensez à utiliser ce que l'on appelle : « Le marché caché », car beaucoup de personnes trouvent du travail par ce canal. Il représente un grand intérêt en matière d'emploi. Pensez également à vos relations qui voient ce que vous ne pouvez voir. <u>Par exemple</u>, une personne de votre réseau peut proposer votre candidature et vous recommander dans son Entreprise, ou à l'une de ses relations. Savez-vous qu'un certain nombre de postes vacants ne font l'objet d'aucune annonce, car grâce aux relations des uns et des autres en interne, le poste est très rapidement pris. Loin d'être un mythe, **le marché caché est un levier à ne pas négliger** pour décrocher un job, un CDD de plusieurs mois, ou un CDI.

Que comprend le Marché Caché ?

Amis - Voisins - Conjoint - Relations

Anciens collègues - Connaissances

Parents - Médecins -Spécialistes

Affiches sur les

Boulangeries/Magasins/Vitrines

Discussions informelles

Prospection téléphonique

Prospection terrain (zone industrielle)

Journaux de la Ville/Département

CHAPITRE 21

Autre méthode de recherches

Vous pouvez aussi utiliser la méthode de recherche suivante, si vous avez en tête un métier que vous voulez absolument exercer. Le métier de vendeur, par exemple.

Questions à vous poser :

« Pourquoi ce métier me plaît ? »

« Qu'est-ce que je lui trouve d'intéressant ? »

« Est-ce que je pourrai physiquement l'exercer ? »

« Comment je me vois dans ce métier ? »

« Dans quel cadre ? Magasin ? Entreprise ? Internet ? Téléphone ? »

« Quelle sera la taille et le style de l'Entreprise ?

Succès - Réussite

« Quel salaire je souhaite avoir ? »

« A quelle distance de chez moi, je veux exercer ce métier ? »

« Dans quelles conditions ? »

« Quels temps de travail et horaires ? » Pourquoi ?

« Quelles sont les qualités exigées pour exercer ce métier ? »

« Dois-je faire une formation ? Suis-je prêt (e) ? »

« Est-ce que je parle une langue étrangère ? »

Ensuite, sortez la FICHE MÉTIER, où vous trouverez : Prés-requis, diplômes nécessaires, contraintes, conditions de travail, salaire, formation, etc.

Comparez maintenant cette fiche aux réponses que vous avez apportées précédemment. Si vous ne connaissez pas du tout ce métier, mais que vous avez envie de l'exercer malgré tout, renseignez-vous.

Faites une enquête métier pour recueillir le témoignage de plusieurs personnes qui l'exercent au quotidien. Ils vous donneront leur vision, leurs pratiques, les contraintes et d'autres renseignements qui vous seront très utiles.

Vous aurez ainsi, une vision concrète et réaliste pour l'exercer en toute connaissance de cause. A la fin de cette enquête, vous validerez votre motivation et serez plus à l'aise pour en parler, lors d'un éventuel entretien d'embauche.

Succès - Réussite

CHAPITRE 22

Astuces pour dépister les opportunités

Diffusez votre CV sur le web, est nécessaire. Mettez à jour votre profil sur les réseaux professionnels de type Viadéo - Linkedin...

Valorisez vos compétences on line. Si vous êtes spécialiste dans un secteur d'activité particulier, vous pouvez créer un blog pour mettre en avant vos compétences. Vous pouvez aussi suivre les pages Facebook et Twitter des sociétés qui vous intéressent.

Entretenez vos réseaux. Faites savoir que vous êtes en recherche active. Dites-le lors d'un contact direct ou par l'envoi de mails personnalisés. Prévoyez des déjeuners avec vos ex-collègues.

Allez dans des salons et des conférences.

Misez sur la candidature spontanée. Concentrez-vous sur un secteur spécifique ou un domaine d'activité particulier, celui qui vous correspond, bien-sûr.

Visez les Entreprises peu connues, comme les PME et les Entreprises de taille moyenne qui proposent, elles aussi, des opportunités d'emplois. Personnalisez votre candidature par rapport aux besoins de l'Entreprise, et surtout **identifiez les bons interlocuteurs.**

Relancez par téléphone, est nécessaire, si vous n'avez pas une réponse rapide de l'Entreprise dans laquelle vous avez postulé. La relance est une étape incontournable dans le cadre de votre recherche d'emploi. Vous pouvez la faire **une semaine après l'envoi.** Cela vous permet de savoir si votre candidature a bien été reçue. Cette relation peut se faire par téléphone ou par mail. Soyez clair et concis. Présentez-vous succinctement, et posez des questions précises à votre interlocuteur.

Suivez l'actualité des Entreprises, notamment celles du secteur d'activité que vous visez. Soyez donc à l'affut des informations concernant ces Entreprises. Un **projet** qui va se développer, un

nouveau site qui va être lancé, une nouvelle **ligne de produits** qui se prépare. En opérant de cette façon, vous démontrez de l'intérêt pour l'Entreprise et le poste. Soyez prêt à envoyer votre CV promptement. Certaines Entreprises vous permettront de vous enregistrer dans leurs banques de données, faites-le. Il s'agit du vivier des Recruteurs. Ils ne manqueront pas de vous contacter directement, en cas de besoin.

CHAPITRE 23

Demandez un « Stage d'Immersion »

Vous pouvez également demander à votre Conseiller Pôle Emploi de faire un **« Stage d'immersion »** dans le métier que vous voulez exercer, mais que vous ne connaissez pas. Ce stage vous permettra de travailler directement dans l'Entreprise pendant plusieurs jours, ce qui vous donnera une vision réaliste sur le métier de vos rêves. Puis, en fin de ce stage, vous validerez ou pas votre intérêt pour continuer dans cette voie. Beaucoup de personnes passent par cette pratique **pour découvrir le métier qu'ils envisagent de faire**. Notez également que ce stage peut se faire dans pratiquement tous les secteurs d'activités. Il faut le demander directement à l'entreprise ou magasin en question, en les rencontrant, ou en parler à votre Conseiller Emploi qui vous donnera la marche à suivre pour le faire. Néanmoins, préparez-bien votre motivation pour le métier. Pensez également à votre présentation et votre savoir- être, car cela peut-être pour vous une opportunité d'emploi, à la suite du stage.

ETAPE 4 - PRÉPAREZ-VOUS POUR VOS ENTRETIENS

Succès - Réussite

CHAPITRE 24

Pourquoi bien vous préparer ?

Lorsque vous faites la démarche de déposer votre CV sur Internet ou l'envoyez à des Entreprises - Cabinets de Recrutement - Sociétés d'intérim ou autres, il y a 2 solutions possibles : Soit **le Recruteur prend rapidement contact** avec vous. Soit **il vous envoie une réponse négative,** par mail ou courrier. Il est possible également que vous ne receviez aucune réponse, car certains Recruteurs semblent trop occupés pour répondre aux candidatures non retenues. Toutefois, certains gardent votre CV, et pourraient vous contacter ultérieurement, en cas de besoin. Autrement dit, à partir du moment ou vous avez envoyé votre CV, **vous devez être prêt (e) pour un contact téléphonique ou un rendez-vous de visu, voire une embauche dans les jours qui suivent.** Il arrive même que des candidats ayant postulés le matin, soient appelés quelques minutes après, et commencent à travailler le lendemain, parce que l'Entreprise à un besoin urgent de recrutement. Il est donc important de vous préparer le plus rapidement possible, car si votre CV intéresse, les choses peuvent aller très vite pour vous. Le Recruteur vous appelle dans un premier temps, vous pose quelques questions précises sur vos compétences, votre motivation, et verra très rapidement si vous pouvez être le bon candidat. Quand tout se passe bien au téléphone, il vous propose un rendez-vous de visu. Autrement dit, lorsque vous diffusez votre CV, vous êtes sensé (e) être bien préparé (e). Si non, revoyez le chapitre 10 (les questions à vous poser).

CHAPITRE 25

L'entretien téléphonique

Si vous recherchez du travail, vous voulez être contacté (e)à un moment donné par un Recruteur, surtout si cela fait plusieurs mois que vous postulez. Donc considérez l'appel téléphonique que vous allez recevoir comme une superbe opportunité à saisir. Il est donc indispensable pour vous de bien vous préparer, afin que tout passe au mieux, et que l'employeur vous accorde un autre rendez-vous, montrant ainsi son intérêt pour votre candidature. **Pour réussir votre entretien téléphonique, vous devez faire attention à plusieurs choses.** Par exemple : votre accueil téléphonique, votre discours, et d'autres détails importants qui suivent :

Votre « Accueil Téléphonique »

Dites-vous que pour un entretien d'embauche normal (de visu), les 3 premières minutes sont les plus importantes, car le Recruteur voit en quelques instants, par votre langage, votre gestuel... si vous êtes le candidat qui lui faut. Pour votre premier entretien téléphonique (pré-embauche), ce temps sera réduit parce qu'au téléphone, tout va plus vite. Et ne voyant pas la personne avec laquelle on parle, il y a toujours un peu de stress qui s'installe. De plus, avant même que vous commenciez à parler de vous, certains éléments peuvent déjà jouer en votre faveur ou défaveur. <u>Par exemple</u> :

Votre musique d'accueil, bien que personnalisée, elle doit être agréable et non agressive. Vous n'êtes pas obligé (e) d'en avoir une, mais si oui, elle doit faire bon effet. Vous pouvez demander conseil à un ami, un parent ou votre Conseiller qui vous dira si oui ou non cette musique est acceptable pour votre recherche d'emploi.

Soignez votre annonce pour que la personne qui vous appelle comprenne rapidement qu'elle est au bon endroit. Evitez de faire enregistrer votre annonce par un enfant. Le Recruteur risque de ne pas vous reconnaître, et peut penser qu'il s'est trompé de numéro.

Pensez à toujours laisser votre téléphone actif et non sur silencieux, car vous risquez de ne pas entendre les appels entrants.

Répondez au téléphone, quand bien même le numéro affiché n'est pas dans votre répertoire. Si vous n'êtes pas joignable, le Recruteur appellera quelqu'un d'autre, qui le sera. Et c'est peut-être cette personne qui obtiendra le poste de vos rêves.

Rappelez rapidement votre correspondant si vous n'étiez pas disponible au moment de l'appel. En appelant tardivement ou même le lendemain, vous pouvez passer à côté d'une superbe opportunité.

Quand vous décrochez, commencez par dire : « Votre prénom et votre nom. » Puis dites « Bonjour.»

Dites « Oui » pour répondre à une question et **non « Ouais ».**

Gardez avec vous de quoi écrire, afin de noter rapidement les renseignements qui vous seront donnés par votre interlocuteur (adresse, nom, téléphone ou autres détails).

Exprimez correctement votre motivation pour le poste et pour l'Entreprise.

Restez concentré (e) lors de l'entretien, et faites répéter votre interlocuteur, si une explication ne vous semble pas suffisamment claire.

Articulez bien chaque mot afin que vous soyez compris (e) de votre interlocuteur.

Ce que vous allez dire

On ne le répète jamais assez, tout s'entend au téléphone. Que ce soit, votre sourire, votre agacement, vos hésitations, votre étonnement, votre colère, votre joie ou autre sentiment. Oui, tout. Il est donc important pour vous de faire attention à ces détails, qui n'en sont pas en réalité. Par conséquent, pour vos exercices de préparation aux entretiens d'embauche, installez-vous confortablement avec tout ce qu'il vous faut. **Et dites-vous que vous vous préparez pour réussir vos entretiens d'embauche**. Imaginez-vous devant votre recruteur. Préparez-vous avec cette idée. Visualisez-le.

Voici donc quelques conseils pour préparer cette réussite.

Ecrivez votre présentation, pour qu'elle soit claire dans votre tête et que vos idées soient mises dans le bon ordre.

Enregistrez-vous si vous n'avez personne qui puisse vous entrainer à cet exercice d'entretien. Vous jouerez donc les deux rôles, celui du candidat et celui de l'employeur. Changer de voix afin que ce soit plus réel.

Ecoutez l'enregistrement et évaluez-le. Le tout doit vous convenir (sourire, langage, débit, volume, explications claires, exemples donnés et précis, enthousiasme, voix). De plus, les exemples que vous donnez doivent être en lien avec le poste pour lequel vous postulez.

Entrainez-vous plusieurs fois, et ne laissez rien au hasard. Notez bien tout ce qui peut être amélioré, et clarifiez bien vos idées.

Pensez à sourire au téléphone. Vous serez plus détendu (e), et vous détendrez en même temps votre interlocuteur.

Posez les questions qui vous semblent utiles, voire indispensables. Cela montre votre intérêt pour le poste et l'Entreprise.

Notez l'adresse exacte et le site internet de l'Entreprise, si vous n'avez pas ces informations. Pensez également aux détails qui

Demandez le numéro de téléphone de l'accueil. Vous pourriez en avoir besoin en cas d'imprévu le jour du rendez-vous.

Pensez à remercier votre interlocuteur en fin d'entretien, pour son appel téléphonique.

Vous l'avez compris, votre préparation doit être rigoureuse. **Plus vous vous préparez, plus vous serez à l'aise au téléphone pour exprimer votre motivation, parlez de vous comme il le faut, savoir mettre en valeur vos compétences, vos qualités et votre motivation.** Votre sérénité et votre assurance s'entendront. Votre discours sera fluide et vous serez plus crédible.

Succès - Réussite

CHAPITRE 26

L'entretien de « Visu »

Votre entretien téléphonique s'est bien passé. Le Recruteur vous propose un rendez-vous. Il souhaite maintenant avoir confirmation sur ses ressentis, et surtout vous donner **l'opportunité d'obtenir ce poste.** Lors de cette rencontre, vous devrez parler de vous, de vos expériences, de votre savoir faire et votre savoir-être. Il sera question pour vous de **prouvez que ce poste est vraiment fait pour vous, et que vous êtes le candidat qu'il recherche.** Dans un premier temps, félicitez-vous à haute voix. Regardez-vous devant votre miroir, et dites-vous « Je suis heureux (se) d'avoir réussi mon entretien téléphonique. Je suis fier (e) de moi ».

Imaginez-vous maintenant à votre poste. Visualisez, grâce à des images mentales le poste, et pensez que vous l'occupez déjà. Répétez-vous à voix haute : «**Ce poste est pour moi, je l'obtiens.**»

Succès - Réussite

Maintenant **trouvez 5 raisons valables pour lesquelles vous méritez d'avoir ce poste. Notez-les et répétez-les** à voix haute. Cet exercice consiste à **renforcer votre conviction et votre motivation pour le poste.** Vous allez une fois de plus, devoir parler de vous, de vos motivations, de vos expériences. Et peut-être que votre entretien d'embauche se fera devant 1, 2, ou 3 personnes. Elles vous poseront beaucoup de questions pour comprendre vos motivations profondes, d'où l'importance de bien vous préparer mentalement. Pendant que l'une vous posera des questions, les autres vous observeront. Si vous n'êtes pas convaincu (e) au plus profond de vous, que vous méritez ce poste, cela se verra à un moment donné. A la fin de l'entretien, elles vont en discuter et prendront une décision. Travaillez donc bien votre motivation afin que votre intérêt soit réel et profond pour le poste.

Ce que vous devez faire avant

Surtout, prenez des renseignements sur le site de l'Entreprise (valeurs, codes couleurs, histoire, culture, nom des dirigeants, situation géographique, environnement, recrutement, style de musique...). Glaner toutes informations qui pourraient vous servir pendant l'entretien.

Lisez bien la fiche du poste, et préparez-vous à répondre aux questions qui vous seront posées concernant les exigences, pré-requis, diplômes, expériences... Comprenez-bien ce que l'Entreprise attend exactement de vous.

Demandez à votre entourage des renseignements sur elle, et prenez le maximum de renseignements.

Entrainez-vous pour votre entretien avec un membre de votre famille, un ami (quelqu'un de rigoureux), un professionnel. Si vous n'avez personne, enregistrez-vous, comme nous l'avons vu précédemment dans la préparation de l'entretien téléphonique. Ne laissez rien au hasard. **Ajouter également des questions pièges** (enfants en bas âge, gestion des conflits, votre état de santé, …). L'idée est de bien vous préparer, et savoir quoi répondre, comment le faire, si ces questions vous sont posées.

Préparez vous avec rigueur, car vous aurez un peu de stress, c'est normal. Mais si vous êtes bien préparé, et que vous parlez avec sincérité et motivation, vos propos seront cohérents.

Préparez d'avance les questions que vous poserez, et parlez-en pendant votre entrainement. (Salaire, horaires, tâches à effectuer, niveau hiérarchique, 13ème mois…).

Prenez votre bloc notes sur lequel vous avez noté vos questions.

Pensez à votre présentation physique. Vos vêtements, chaussures, coiffure, sacoche, sac à main, doivent être **propres, soignés et adaptés** au style de l'Entreprise et au poste que vous voulez occuper. J'attire votre attention sur le fait que, **selon le pays** où nous sommes, la région, la culture de l'Entreprise, nous devons nous adapter. Dans ce domaine, nous n'avons pas le choix. Vous devrez vous soumettre à certaines règles, si vous voulez obtenir ce que vous souhaitez.

Succès - Réussite

Cela veut dire que vous devez faire preuve de souplesse, si vous voulez être embauché (e). Comprenez surtout, que **ce n'est pas l'Entreprise qui doit s'adapter à vous, mais vous à elle.** Pensez également que de nombreux candidats souhaiteraient être à votre place, c'est-à-dire, avoir l'opportunité d'être convoqué par l'Employeur. Celui-ci n'aura donc aucune difficulté à trouver plusieurs candidats pour vous remplacer, si vous ne remplissez pas certains critères. En fin d'entretien, il vous dira simplement « On vous rappellera » et vous n'aurez plus de nouvelles, ou vous recevrez une réponse négative. Mais il ne vous dira pas que c'est parce que vous n'êtes pas dans les codes de l'Entreprise. Il y a des choses que nous ne pouvons pas changer : notre couleur de peau, nos origines, notre nom, notre taille, notre handicap. A contrario, nous pouvons largement améliorer, modifier, notre comportement, notre état d'esprit, notre présentation physique, notre langage, notre propreté… Par conséquent, si vous voulez obtenir le poste de vos rêves, ou tout simplement trouver du travail, cherchez toujours à faire le mieux que vous pouvez avec ce que vous êtes.

Préparez également votre itinéraire pour ne pas être en retard le jour du rendez-vous.

Prenez avec vous les coordonnées téléphoniques de l'Entreprise ou de l'Accueil, en cas d'imprévus pendant le trajet.

Relaxez-vous suffisamment la veille ou juste avant l'entretien (exercice, marche, musique, piscine…).

Chargez suffisamment votre portable, la veille ou 1 heure avant.

Prenez avec vous plusieurs CV, car le Recruteur peut être accompagné d'une ou plusieurs personnes.

Apportez vos diplômes, lettre de recommandation ou tous documents qui pourraient servir lors de l'entretien ou à la fin de celui-ci.

Couchez-vous à une heure raisonnable la veille.

Ne buvez pas d'alcool le jour du rendez-vous.

Faites quelques séances de respiration abdominale avant d'aller au rendez-vous, pour que vous soyez apaisé (e).

Face au Recruteur

Présentez-vous avec dynamisme et sympathie. Donnez une poignée de main ferme, sans être écrasante. Sourirez au Recruteur, tout en le regardant dans les yeux, et dites : « Je suis très heureux (se) de vous rencontrer ».

Asseyez-vous quand le Recruteur vous le dit.

Déposez vos affaires sur vos genoux et non sur son bureau, sauf si c'est lui qui vous y invite.

Donnez-lui votre carte de visite, si vous en avez. Il pensera à vous plus facilement après votre départ.

Restez serein (e), confiant (e) et soyez à l'aise, car vous vous êtes bien préparé (e). Votre entretien d'embauche est la rencontre de deux personnes qui ont des choses importantes à se dire.

Dites-vous que votre Recruteur ne vous a pas convoqué pour vous faire du mal, ou vous mettre dans l'embarras. Il n'est pas supérieur à vous non plus. C'est un humain comme vous, et

vous n'avez pas à en avoir peur. C'est vous qui avez souhaité être à cette place. Il cherche à vous connaître, à découvrir vos compétences et vos qualités. Il veut comprendre vos motivations, ce qui vous anime, et pourquoi vous vous intéressez à ce poste. Rappelez-vous que vous êtes la personne qu'il recherche. Et vous êtes devant lui pour le prouver.

Pensez à prendre des notes, avec son accord. Vous vous souviendrez plus facilement de votre échange, une fois l'entretien passé.

Répondez correctement aux questions qui vous sont posées (motivation, qualités, défauts). Si vous ne comprenez pas bien une question, utilisez la reformulation, ou faites répéter votre interlocuteur.

Posez les questions que vous avez préparées à l'avance : intitulé exact du poste, tâches précises, horaires, liens hiérarchiques, heures supplémentaires, salaire, avantages, travail en équipe, date de prise de fonction, période d'essai… Si pendant l'entretien votre interlocuteur à évoqué ces questions, inutile d'y revenir, sauf pour éclaircir un point.

Quand vous parlez, regardez votre interlocuteur. Si vous êtes gêné par son regard, arrangez-vous pour le fixez entre les deux sourcils, il ne le verra pas. Par contre, il verra que votre regard est tourné vers lui, et non vers le bas, ou de côté. <u>Attention </u>! Si vous ne le regardez pas en face, vous pourriez donner l'impression de cacher quelque chose, ou de ne pas être sincère dans vos déclarations.

Mettez de la conviction et de l'enthousiasme dans votre discours.

Apportez des arguments convaincants. Ne vous contentez-pas de répondre par oui ou par non à une question. Si possible, donnez des exemples sur ce que vous avez réalisé, ainsi que votre degré d'implication dans les tâches que vous avez accomplies.

Ne mentez pas sur vos capacités ou vos responsabilités, car il va le découvrir tôt ou tard, et vous pourrez le payer très cher.

Montrez-vous toujours respectueux, quand vous parlez de vos anciens employeurs ou collègues.

Pensez à prendre des références, c'est-à-dire le nom et les coordonnées de personnes qui pourraient témoigner de votre travail et de votre sérieux. Si vous n'en avez pas, sachez que souvent, le Recruteur contacte vos anciens employeurs pour avoir des renseignements sur vous.

A dire en fin d'entretien

Demandez-lui ce qu'il pense de votre candidature.

Est-ce qu'il recevra d'autres candidats ?

A quelle date vous aurez une réponse ? Est-ce vous qui devrez l'appeler ou il le fera ? Si le jour promis, vous n'avez pas de réponse, rappelez-le lendemain, conformément à son engagement.

Rappelez-lui votre disponibilité, immédiate ou à telle date.

Envoyez un mail de remerciements, dès votre retour chez vous. Rappelez les grandes lignes de l'entretien. Profitez de ce mail pour lui rappelez votre motivation pour le poste. Dites-lui que vous restez à son écoute, pour tous renseignements complémentaires qu'il souhaiterait avoir.

Succès - Réussite

CHAPITRE 27

Pensez à la qualité de votre langage

Votre langage reflète **votre personnalité**. En vous exprimant, vous montrez quel genre de personne vous êtes, et ce qui compte le plus pour vous. Vous exprimez également vos sentiments et votre état d'esprit. En faisant attention à votre langage, **vous montrez de la bienveillance pour les autres et pour vous-même**.

Prenez l'habitude de bien vous exprimer au quotidien. Eviter d'utiliser des **mots grossiers ou vulgaires**. Ainsi, le jour d'un entretien d'embauche, votre langage sera correct. Efforcez-vous de faire des **phrases bien construites,** que ce soit avec vos amis, famille, parents, ou tout interlocuteur avec lequel vous communiquez. L'objectif étant de vous habituer à parler de façon à être compris de tous, quelle que soit la personne qui vous écoute. Il est toujours dommage de constater que des entretiens téléphoniques ou de visu, soient écourtés à cause du langage tenu par certains candidats. Si c'est votre cas, il n'est trop tard pour y remédier. Vous pouvez décider à partir d'aujourd'hui de changer.

Voici quelques conseils qui vous permettront d'y arriver.

Faites des phrases entières : sujet, verbe, complément d'objet direct ou indirect.

Travaillez votre articulation pour que les mots formulés soient bien compris de ceux qui vous écoutent. Pour y arriver, vous pouvez vous entrainer en faisant des exercices précis (lecture à voix haute, en faisant attention à la phonétique de chaque mot et en respectant les syllabes).

Vous pouvez vous enregistrer et vous écouter. Vous prendrez ainsi conscience de ceux que les autres entendent de vous.

Efforcez-vous d'avoir un langage positif en permanence. Evitez les mots : tuerie, mort, déglingué, défoncé, chiant, bourré, galère.... Trop de personnes s'expriment ainsi, sans se rendre compte de l'impact des mots qu'elles emploient, aussi bien sur elles-mêmes, que sur les autres.

Evitez de dire : « La boîte où j'étais » pour parler de votre ancienne Entreprise. Dites plutôt : « Mon ancien employeur » ou « L'Entreprise où je travaillais » « Mes responsables et collègues », au lieu de dire : « Ces gens-là.»

Montrez votre respect pour la hiérarchie, les collègues, les clients, les fournisseurs, pour tous.

En faisant attention à votre langage et les mots que vous employez, vous montrez que vous êtes quelqu'un de correct, de respectueux, de poli, de bienveillant envers tous. En disant du bien de vos anciens employeurs, même si ce n'était pas le grand amour entre vous, celui qui vous écoute vous respectera et pensera du bien de vous.

Succès - Réussite

CHAPITRE 28

Parlez de vos qualités en lien avec le Poste

Comme tout le monde, vous avez des qualités et vous devez les mettre en valeur lorsque vous serez devant le Recruteur. Surtout **celles qui sont en lien avec le poste** pour lequel vous êtes en entretien. Parlez d'elles, dès que cela s'avère utile. Donnez également des exemples de situations dans lesquelles vous avez réussi, grâce à ces qualités. **Soyez bienveillant et généreux avec vous-même. Parlez de vous en bien et avec détermination.** Pour y arriver sans difficultés, vous devez réfléchir à l'avance, en revivant vos différentes expériences. Puis notez-les et parlez-en lors de votre entraînement. Parlez avec **conviction, enthousiasme, et motivation**, sans être trop long pour autant. Dites le principal, rien que le principal, car plus vous parlerez, plus vous serez amené (e) à dire plus qu'il n'en faut, voire des choses qu'il ne faut pas dire. Parlez surtout des qualités que vous possédez et qui sont une force pour le poste en question.

Succès - Réussite

CHAPITRE 29

Parlez de vos défauts, que si....

Comme tout un chacun, vous avez des défauts. Le Recruteur le sait bien, puisque lui aussi en a, et il n'aime pas en parler, comme vous. Mais aujourd'hui, c'est lui qui vous pose la question. Et vous devez savoir lui répondre.

Au fait, connaissez-vous vos défauts ? Avez-vous peur d'en parler habituellement ? Etes-vous gêné (e) quand vous devez les citer ? Quelle que soit votre réponse, sachez que personne n'aime parler de ses défauts. Quand bien même vous n'aimez pas cette question, **préparez-vous à y répondre**, car huit fois sur dix, elle est posée lors d'un entretien d'embauche. Et vous ne pourrez jamais dire : « Je n'en ai pas », car on vous rira au nez. Par contre, **parlez-en uniquement lorsque la question vous est posée, et jamais de votre propre initiative.** Vous n'êtes pas obligé non plus de parler de vos plus gros défauts.

Imaginons que vous soyez quelqu'un de paresseux, est-ce que vous allez le dire à l'employeur ? Je suppose que non, et je vous le déconseille, car cette vérité risque de vous porter préjudice. C'est à vous de choisir. Je ne connais pas d'employeur qui aimerait avoir dans ses équipes un paresseux, alors que ce dernier a signé un contrat pour travailler. Trouvez-vous donc un autre défaut, ou dites : « Quand je travaille je suis très sérieux et avec beaucoup d'engagement, mais en vacances, mon conjoint ou **ma famille me reproche d'être paresseux.** » Si vous êtes quelqu'un de gourmand, vous pouvez dire : « **Je suis gourmand** ». Choisissez en tout cas, un défaut qui ne portera pas atteinte à votre candidature ou au poste en question. <u>Par exemple</u>, si vous êtes quelqu'un de maniaque, et que vous postulez pour faire du ménage, vous pouvez dire : « J'aime quand tout soit parfait quand çà brille ». On me trouve un peu maniaque. Ce défaut vous portera moins préjudice pour ce type de poste que pour un autre. Donc **cherchez dans vos défauts, un ou deux que vous pourrez citer sans en perdre la face,** et perdre du même coup, le poste que vous souhaitez obtenir.

Succès - Réussite

ÉTAPE 5 - PENSEZ À VOTRE PROGRESSION

Succès - Réussite

CHAPITRE 30

Vous êtes embauché (e) ? Super !

L a préparation soignée de vos entretiens d'embauche vous a apporté du fruit. Vous venez de recevoir une réponse positive de votre Recruteur. Vous voilà prêt (e) à signer votre Contrat à Durée Indéterminée (CDI) ou votre Contrat à Durée Déterminée (CDD) pour un longue période. C'est vraiment génial, car ce poste vous le vouliez vraiment. Vous êtes très heureux (se). Et je le suis également pour vous. Félicitations !

Maintenant, il s'agira de vous faire apprécier au quotidien, **dès votre prise de poste**, par votre hiérarchie, vos collègues, les clients, les fournisseurs, par tout le monde. Comment y arriver ?

Tout d'abord, dites vous que **c'est avec votre sérieux, votre honnêteté, votre dynamisme, votre bon état d'esprit, votre**

savoir-être, que vous allez séduire, convaincre, influencer les personnes qui vous entourent.

Vous avez démontré lors de votre entretien, que vous êtes la bonne personne pour l'Entreprise, et que vous avez les compétences nécessaires, pour réussir à ce poste. Qu'elles soient professionnelles ou comportementales. Maintenant, vous allez devoir aller au-delà de ce discours. Il s'agira de le prouver par vos actions au quotidien, et de convaincre. **Grâce à l'introspection que vous avez fait**, vous savez maintenant qui vous êtes, ce que vous voulez, et surtout comment réussir à votre poste. Vous vous êtes transformé (e) ou êtes en train de le faire, grâce à toutes les questions que vous vous êtes posées et les réponses que vous y avez apportées. Mais vous savez aussi que vous rencontrerez inévitablement des contraintes, car il y en a dans toutes les Entreprises au monde, et dans la vie tout court.

La bonne nouvelle, c'est que maintenant **vous ne laisserez plus les contraintes extérieures avoir raison de vous,** au point de vous empêchez de réussir ou d'atteindre vos objectifs. Vous

Succès - Réussite

savez dorénavant comment vous y prendre. <u>Par exemple,</u> vous savez que pour avoir une bonne communication avec votre entourage, c'est d'abord votre état d'esprit et votre comportement qui feront la différence. Le secret de toute réussite, se trouve dans l'application de cette règle d'or. « **Fais aux autres, ce que tu voudrais que l'on te fasse** ». Si chacun de nous applique cette règle aussi bien au travail que dans notre vie privée, nous connaîtrons beaucoup moins de problèmes et de conflits. Par conséquent vous aussi, efforcez-vous d'être avec les autres comme vous auriez souhaité que l'on soit avec vous. <u>Par exemple</u>, si vous étiez chef d'Entreprise, quel type de salarié auriez vous aimé avoir ? Quelqu'un d'honnête ? Un travailleur ? Quelqu'un de ponctuel et sérieux ? En tant que collègue, comment voulez-vous que les autres vous traitent ? Avec justice, avec bienveillance, avec sincérité ? Cette règle d'or est vraiment précieuse pour nous tous, quelque soit notre niveau hiérarchique et notre fonction dans l'Entreprise.

Succès - Réussite

Succès - Réussite

CHAPITRE 31

Pensez à votre savoir-être

Votre savoir-être est votre capacité à vous adapter à des situations variées, et à ajuster vos comportements en fonction des caractéristiques de votre environnement, des enjeux de la situation et du type d'interlocuteur. Il est lié à **votre attitude** et à **vos valeurs.** Ce sont précisément ces **qualités personnelles et comportementales** qui vous serviront au quotidien (courtoisie, maîtrise de vos émotions, bon relationnel, capacité à travailler en équipe…). Ces compétences ne s'apprennent pas à l'école, pourtant **tous les jours et dans toutes les situations, elles doivent être utilisées.** Pour réussir, que ce soit dans le domaine professionnel ou privée, notre savoir-être est capital.

Vous devez **développer votre savoir-être** pour vous améliorer dans votre quotidien. Lors de votre recrutement, votre employeur a sûrement favorisé davantage votre savoir-être que vos compétences professionnelles. La raison est qu'**en Entreprise, le savoir-être représente un facteur clé de l'évolution professionnelle, car ce sont les comportements qui font la cohésion et la performance d'une Entreprise**. En effet, notre quotidien au travail est bouleversé par les nouvelles technologies et les multiples changements sociologiques et concurrentiels, ce qui oblige l'Entreprise à se réinventer presqu'en permanence. Les compétences d'aujourd'hui sont différentes de celles de nos parents. Par conséquent, chacun dans l'Entreprise doit **développer son savoir-être, pour diriger autrement et travailler autrement**. On demande aux équipes d'être en mesure de **s'adapter** et **d'apprendre en continue** pour suivre le marché, et innover en permanence. Aujourd'hui, les Entreprises recherchent des tempéraments intuitifs, chaleureux et optimistes qui vont interagir de façon harmonieuse avec les autres membres de l'équipe pour aider à collaborer ensemble. Imaginons que vous êtes expérimenté (e) sur un sujet, et que personne n'aime travailler avec vous. Ou que vous faites partie de ceux qui voient toujours le verre à moitié vide et qui démoralisez en permanence l'équipe.

Succès - Réussite

On constate donc, qu'il est préférable d'apprendre à cultiver l'optimisme en permanence, en continuant à travailler sur notre savoir-être. Ainsi, nous seront reconnu (e) pour être des personnes de grandes valeurs.

Succès - Réussite

CHAPITRE 32

Quelle est votre vraie personnalité au travail ?

Nous avons tous une personnalité différente. C'est ce qui fait d'ailleurs la richesse du monde, et c'est tant mieux. Toutefois, quelle que soit notre personnalité, nous pouvons toujours l'améliorer pour mieux vivre avec notre environnement. Que ce soit dans notre famille, avec nos collègues, notre hiérarchie, nos amis, nos voisins, et toute autre personne que nous rencontrons. Mais avant de décider d'apporter les changements nécessaires à notre personnalité, nous devons d'abord nous poser quelques questions sur nos pratiques au quotidien, notamment au travail. Il faut se poser les bonnes questions, afin de bien comprendre qui nous sommes vraiment à aujourd'hui, et ce que nous devons réellement modifier, si nous voulons vraiment réussir à l'avenir. Pour cela, je vous invite à **prendre une feuille, un stylo, et à noter** toutes les réponses aux questions suivantes : « Est-ce qu'à mes anciens postes, j'acceptais facilement **les**

remarques ?» Lorsque mes responsables me reprenaient concernant **la qualité de mon travail**, « Est-ce que j'estimais qu'il s'agissait de reproches injustifiés ? »

« Est-ce que **mes relations avec mes collègues** et ma hiérarchie étaient paisibles ou souvent conflictuelles ? »

« Est-ce que je me mettais **en colère facilement** lors d'une remarque ? »

« Est-ce que je considérais que **mon salaire** était correct ? Ou je pensais que je gagnais un salaire de misère, malgré tout le travail que j'accomplissais ? »

« Est-ce que j'utilisais **mon temps de travail** correctement ? »

« Est-ce que j'étais **souvent au téléphone** avec mes amis, à envoyer des SMS, à lire mes mails personnels, ou sur les réseaux sociaux ? »

« Est-ce que je suis reconnu (e) pour être **quelqu'un de ponctuel,** ou au contraire, je suis régulièrement en retard ?»

« Est-ce que **je rechignais** à accepter une nouvelle mission, ou une tâche supplémentaire ? »

« Est-ce que **je me servais dans les fournitures** de bureau, notamment, lors de la rentrée des classes, en me disant que c'était normal, compte tenu de mon petit salaire ?»

Ces questions franches et instructives font parties du « **Qui suis-je** » **?** Elles vous permettent de vous voir comme vous êtes réellement, **en toute transparence**. Voir également les valeurs qui vous habitent. Et c'est à partir de cette prise de conscience, que vous pourrez vraiment construire votre avenir professionnel sur des bases solides et de réussite. C'est aussi en opérant des changements sérieux, si cela s'avère utile, que vous serez reconnu (e), respecté (e) par votre hiérarchie, vos collègues et plus globalement par toutes les personnes que vous côtoyez au quotidien.

Si vous avez déjà de belles valeurs, restez vous-même. Ne changez pas ce que vous avez de bien au plus profond de vous. **Restez toujours en accord avec votre moi intérieur.** Vos valeurs font partie de vous, de vos racines, de ce qui vous anime. Si vous en êtes fier, ne changez rien pour faire plaisir à qui que ce soit. En restant intact, vous vous respectez vous-même, et vous serez respecté (e) par ceux qui vous écoutent ou vous observent. **En cultivant le vrai, la sincérité, l'honnêteté,** envers vous-même et envers les autres, vous attirez le positif et vous atteindrez plus facilement vos objectifs. <u>Par exemple</u>, il est reconnu que la majorité des gens au travail sont constamment sur leur portable, ou sur internet, au lieu de travailler. Ce n'est pas parce que les autres ont cette pratique, que vous êtes obligé (e) d'en faire autant. Soyez toujours vrai (e) avec vous-même, et votre réussite sera garantie, car même si vous ne le voyez pas, on vous remarque, on vous observe, de loin ou de près. On sait qui vous êtes en réalité. Et le moment venu, vous serez récompensé (e), selon ce que vous avez vous-même donné aux autres par vos actions quotidiennes.

Succès - Réussite

« Il suffit de commencer,

Et ton esprit s'enflammera ; continue,

Et ta tâche s'accomplira. »

Goethe

Succès - Réussite

CHAPITRE 33

Engagez-vous pleinement

Soyez toujours force de proposition au travail. Vous pouvez prendre **l'initiative de proposer des améliorations,** notamment aux procédures et aux méthodes de travail. Vous démontrez ainsi que vous êtes engagé, impliqué dans la vie de l'Entreprise. En prenant de bonnes habitudes dès le départ, vous gravez plus facilement dans l'esprit de vos collègues et hiérarchie que vous êtes quelqu'un d'impliqué sur qui l'Entreprise peut compter. **Comment faire ?** Proposez votre aide pour aider un collègue ou un autre service qui pourrait en avoir besoin. Pensez aussi à la qualité de votre travail, plutôt qu'à sa quantité. Vous ressentirez dès lors de la satisfaction, et votre employeur appréciera la qualité de ce travail bien fait.

Succès - Réussite

CHAPITRE 34

Optez pour les bonnes pratiques

renez l'habitude d'être à l'heure tous les matins. Disciplinez-vous dès le premier jour de votre contrat, et gardez ce cap. Cette habitude restera, et à force de répétitions, elle sera ancrée, et deviendra une force pour vous. Souvenez-vous que votre responsable hiérarchique gardera la **première impression** que vous lui faites, dès le début de votre embauche.

Apprenez les codes de l'Entreprise dans laquelle vous vous trouvez. Cela est indispensable pour travailler dans de bonnes conditions. Il y a des **choses que vous devez dire, ou faire**, et celles que vous ne pouvez dire ou faire. Vous avez déjà eu quelques renseignements sur l'Entreprise, lorsque vous avez préparé votre entretien d'embauche, ou lors de votre rencontre avec le Recruteur. Servez-vous en pour réussir à votre poste.

Dites bonjour et au revoir. Les salutations sont indispensables quand on arrive quelque part, quel que soit le lieu ou les gens qui s'y trouvent. Encore plus quand on travaille avec les mêmes personnes toute la journée. **Saluez tout le monde,** soit en donnant la main ou en faisant la bise, ou en saluant de la tête, en fonction des pratiques de chaque Entreprise. Accompagnez vos salutations **par un sourire**. Vous montrez ainsi votre respect et votre intérêt pour les gens qui vous entourent.

Soignez votre apparence. Lors de votre entretien d'embauche, vous étiez sûrement bien habillé(e), bien coiffé(e) soigné(e), propre, et vous sentiez bon. **Ne changez rien !** Ce n'est pas parce que vous avez signé votre contrat, que vous devez maintenant vous laisser aller. Cette image que l'on a de vous ne doit pas changer. Conservez-là, car elle vous servira plus tard, surtout si vous voulez réussir dans votre Entreprise.

Ayez une bonne attitude mentale en toute circonstance. C'est en fonction de cette dernière que vous réussirez à votre poste et dans les autres situations de votre vie. Le fait d'avoir ou de développer un état d'esprit positif va toujours vous emmener à faire un effort de plus que les autres ne s'attendent pas à voir. Cet effort supplémentaire que vous fournirez par vos actions et votre façon de penser aura toujours un impact positif sur votre entourage. Ainsi, vous serez davantage apprécié (e), et vous serez plus à l'aise à votre poste et dans votre Entreprise.

Soyez toujours à l'écoute et dans l'observation pour apprendre de chacun. Cela vous aidera également à savoir comment vous positionner, et agir selon le tempérament de chacun.

Apprenez à vous détacher de votre portable quand vous êtes au travail. Efforcez-vous de vous discipliner sur ce sujet. Consultez vos mails, SMS, ou autres, uniquement quand vous êtes en pause, ou deux ou trois fois par jour. Dites-vous que vous êtes payé pour travailler un nombre d'heures par jour, et que par honnêteté envers votre employeur, vous devez respecter votre contrat.

Prenez des notes et posez des questions. Que vous soyez en période d'essai, en réunion ou en formation, posez des questions, prenez des notes et appliquez immédiatement, si possible ce que vous avez appris. Ainsi, vous allez vite vous intégrer, et serez rapidement à l'aise à votre poste.

Donnez-vous des objectifs dès votre prise de poste. Prenez l'habitude d'être quelqu'un qui a de l'ambition, qui a le sens des responsabilités. On vous ferra plus facilement confiance pour une mission importante ou un projet sérieux plus tard.

CHAPITRE 35

Devenez polyvalent (e)

En cherchant à être polyvalent (e), vous développerez naturellement de **nouvelles compétences** profession-nelles. Vous aurez ainsi l'opportunité d'apprendre de nouvelles pratiques, par des formations internes. Plus qu'une formation continue, c'est une **véritable évolution** pour vous. Vos nouvelles compétences seront très bénéfiques, car elles vous permettront d'endosser plusieurs casquettes selon les besoins, notamment lors de périodes de forte sollicitation générale. C'est aussi une façon pour vous **d'obtenir une promotion**. D'autre part, votre hiérarchie décèlera dans votre polyvalence, vos **nouveaux talents** et appréciera certainement vos nouvelles compétences. C'est aussi un véritable **atout en cas de réorganisation** nécessaire, ou un **nouveau projet de développement** mis en place.

En d'autres termes, plus vous serez polyvalent, plus vous deviendrez une valeur sûre pour votre Entreprise et pour vous-même. Vous développerez du même coup votre confiance et votre estime de vous.

Voyez donc cette qualité comme un avantage, une force, et non une contrainte. <u>Par exemple</u>, dans le cas de licenciement, vous ne serez sûrement pas le premier à devoir partir. Au pire des cas, si vous deviez vous en allez, vous pourrez plus facilement vous revendre ailleurs, grâce à vos nouvelles compétences.

CHAPITRE 36

Entretenez votre réussite

Comment entretenir votre réussite ? Vous pouvez le faire de différentes manières, et en ayant surtout des actions précises. Voici quelques idées :

Lisez des livres, revues, sur le développement personnel, notamment sur des thématiques spécifiques, en fonction de vos besoins ou faiblesses qui vous aideront à vous améliorer.

Développer d'autres compétences que vous ne possédez pas actuellement, et qui sont liées à votre métier. La polyvalence que nous avons évoquée au chapitre précédent, vous permettra de le faire.

Lisez le journal de l'Entreprise, ou la Newsletter afin de vous tenir informé (e) de l'actualité de l'Entreprise.

Faites des formations qui vous sont proposées par votre employeur pour enrichir vos connaissances et développer vos compétences au travail.

Faites des formations en cours du soir, le week-end ou par correspondance pour apprendre, ou développer une ou des langues étrangères.

Apportez des idées innovantes à votre employeur. <u>Par exemple</u>, le fait d'informatiser certaines tâches, de mettre en place des procédures, un livret d'accueil pour les stagiaires, ou autre.

Ayez une curiosité positive. Vous pouvez apporter des informations que votre employeur ne détient pas forcément, <u>Par exemple</u>, cela peut-être une pratique intéressante d'un concurrent que vous trouvez judicieux, et qui pourrait être mise en place dans votre Entreprise.

Vous pouvez aussi mettre en place une action forte à laquelle vous pensez, qui contribuera à une meilleure productivité, ou au bien-être de tous les salariés.

Vous pouvez proposer une boîte à idées qui recueillera les suggestions de tout le personnel.

Succès - Réussite

Vous pouvez demander d'organiser des réunions sur une thématique importante, en vue d'aider tous les salariés de l'Entreprise.

Vous pouvez proposer de former les salariés, sur un outil informatique ou un autre domaine que vous maîtrisez.

Toutes ces initiatives ou actions visent à vous permettre de devenir un **maillon fort dans l'Entreprise**. Vous le montrez par votre engagement, vos actions, et surtout par votre bel état d'esprit. Vous devez penser à votre progression constante. Vous ne devez pas stagner, mais toujours être en progression, afin de rester en mouvement par rapport au marché. C'est ce que l'on appelle, « Etre en veille stratégique », à l'écoute du marché. Vous pouvez le faire grâce à vos lectures, et vos relations... Cherchez toujours à avoir des résultats dans ce que vous faites. C'est ainsi que vous allez vous démarquer.

« C'est en forgeant que l'on devient forgeron.

Nous devons commencer à apprendre

Et ensuite devenir ! »

Frédéric Raoul F.

CHAPITRE 37

Restez équilibré (e)

L'équilibre est nécessaire au travail, car nous y passons la majeure partie de notre journée. Il est important de savoir lever le pied, faire des pauses quand cela s'avère utile, ne serait-ce que pour s'aérer l'esprit. D'autre part, il faut apprendre à lâcher prise en fin de journée, et rentrer chez soi à une heure raisonnable, pour être en meilleure forme le lendemain. Il est également nécessaire de se fixer ou d'établir des limites claires dans sa vie professionnelle, afin de pouvoir préserver sa vie privée. Pour commencer, **évitez au maximum d'emporter du travail à la maison, même si celui-ci ne prend que quelques instants.** Préserver sa vie personnelle permet d'établir une distance nécessaire pour se ressourcer.

En restant équilibré (e), vous pourrez plus facilement réfléchir correctement, prendre les bonnes décisions, être créatif (ve) et rester serein (e) face au stress du quotidien.

Pour bien prendre conscience de ce que représente l'équilibre, je trouve un **certain exercice très parlant. Faisons-le ensemble.** Restez debout sur un seul pied, tout en vacant à toutes vos occupations, c'est-à-dire, en bougeant, marchant, courant, en faisant vos tâches ménagères, prendre les escaliers, etc. Comment vous sentez-vous ? Pouvez-vous continuer longtemps à être ainsi déséquilibré (e) et garder votre joie ? Sûrement pas ! Nous nous apercevons très rapidement, que le manque d'équilibre pose un problème à notre corps tout entier, et par voie de conséquence, à notre bien-être, car nous n'avons pas été faits pour fonctionner sur un seul pied.

Le mot « Equilibre nous rappelle également que nous devons **prendre soin de nous (alimentation, boisson, sommeil, détente, relaxation, sport...)**

Pour rester équilibré (e) dans votre journée, vous pouvez vous établir des priorités, en vous faisant un planning quotidien des tâches les plus importantes que vous devrez accomplir, et vous obliger à commencer par elles. Vous pouvez également déléguer certaines tâches au lieu de vouloir tout faire vous-même. **L'équilibre c'est aussi être suffisamment présent auprès de votre famille et vos amis,** car ils ont besoin de vous. Vous devez prendre le temps de passer des moments privilégiés avec eux, et oublier un peu le travail après une journée bien remplie. Gardez à l'esprit, qu'à cause d'un manque d'équilibre, vous pourriez accumuler beaucoup de stress, surtout si vous ne faites rien pour l'évacuer. Et lorsque le stress persiste, des effets neurotoxiques apparaissent : fatigue excessive, hypertension, perte de mémoire, mauvaise humeur, maladies cardio-vasculaires, mal-être, souffrance, frustration, énervement, agacement, dépression, accident, suicide.... En d'autres termes, rien de bon pour notre santé. On dira même que nous nous attirons que des problèmes.

Par conséquent, réfléchissons un court instant : Que deviendraient nos projets, notre travail, si en perdant notre équilibre, nous perdons la force de les réaliser, ou nous perdons la vie ? Je vous laisse répondre à cette question pertinente.

Succès - Réussite

« Tu peux avoir la tête dans les étoiles

En gardant les pieds sur terre.

Comme un équilibriste, garde ta concentration,

En montant chaque jour une marche,

Tout en avançant vers tes projets »

Georges Firca

CHAPITRE 38

Les qualités à développer pour réussir

Vous souhaitez réussir dans votre vie professionnelle et votre vie privée ? Alors continuez à développer de belles qualités. Tout le monde apprécie les personnes **honnêtes, courageuses, déterminées, bienveillantes, positives**. Que ce soit au travail ou en privé, chacun apprécie d'être entouré de personnes qui savent être à l'écoute des autres, et contribuent à leur paix intérieure. Le monde professionnel n'échappe pas à cette règle. Tous les humains ont les mêmes aspirations. Qui que nous soyons, nous devons continuer à travailler sur les qualités que nous possédons déjà, pour ne pas en perdre le bénéfice. Mais nous devons aussi chercher à développer les autres, celles qui nous font défaut. Il est vrai que personne ne peut être parfait en tout, mais une chose est sûre : plus nous méditons et cherchons à faire des efforts, plus nous tendrons à y arriver.

Succès - Réussite

Voici, à mon sens, quelques qualités qui sont indispensables pour réussir, dans tous les domaines de notre vie :

- L'honnêteté - L'optimisme - Le courage - La persévérance

- La motivation - L'engagement - La détermination – l'audace

- Le sens des Responsabilités - La sagesse - La bienveillance

- La maitrise de soi –...

<u>Pour les développer, demandons-nous :</u>

Comment vais-je m'y prendre ? Quel livre ou ouvrage, me permettront de développer ces qualités ? Quelle que soit la méthode ou l'outil que vous utiliserez, vous aurez du résultat. Et vous deviendrez un meilleur salarié, un meilleur manager, un meilleur conjoint, un meilleur parent, un meilleur voisin, un meilleur citoyen, un meilleur ami. Vous ferez sûrement de belles actions à l'égard de tous.

CHAPITRE 39

Soyez toujours reconnaissant (e)

Des personnes de votre entourage vous viennent peut-être en aide, par leur présence, leur écoute, leurs conseils judicieux, leur esprit positif, leur soutien financier, leur petit cadeau. En fait, elles vous encouragent, vous stimulent, et vous aident à aller de l'avant. Que ce soit un membre de la famille, votre conjoint, vos enfants, un (e) ami (e), votre conseiller emploi, un collègue quand vous travaillez, ou tout autre personne. Pensez à leur témoigner votre reconnaissance, par un mot agréable ou un geste sympathique. Montrez-leur combien vous êtes heureux de les avoir et que vous appréciez leur soutien. Vous pouvez leur dire simplement : **« Merci pour l'aide que tu m'apportes, j'apprécie ce que tu fais pour moi, surtout en ce moment »** Bien évidemment, ces paroles doivent être sincères, si non elles n'ont aucun sens. Si vous voulez continuer à être soutenu, à entendre des paroles stimulantes, réconfortantes, voire consolantes, quand vous en avez besoin, faites-le aussi pour les autres, et surtout soyez reconnaissant (e) envers ceux qui vous tendent la main à leur façon. Ces personnes qui vous viennent en aide, quelquefois, sans même sans rendre compte, sont un baume pour votre épanouissement et votre réussite. Dites-vous qu'elles n'ont aucune obligation de le faire. Elles le font par gentillesse, par bonté, ou par amour pour vous. Quand elles verront que vous appréciez de recevoir ce qu'elles vous donnent, çà leur fera plaisir et elles auront envie de continuer.

CHAPITRE 40

Des mots positifs pour vous booster

Pourquoi devons-nous utiliser des mots positifs si nous voulons réussir ? Tout simplement, parce que les mots que nous utilisons ont un pouvoir fabuleux. Il est important d'en prendre conscience, car leur utilisation génère, soit une énergie positive, soit une énergie négative. Grâce aux mots que nous utilisons au quotidien, nous pouvons construire, aider, motiver, stimuler, encourager, mais malheureusement, nous pouvons aussi démolir, abattre, anéantir, ruiner. **Que ce soit envers nous-mêmes, par notre dialogue interne, mais également dans nos échanges avec les autres : au travail, à la maison, partout.**

Prenons l'habitude de nous exprimer en toutes circonstances, avec des **mots choisis, dont nous avons la pleine connaissance.** Ceci nous évitera d'avoir de propos destructeurs qui mènent automatiquement à l'échec. Pour votre réussite, je vous suggère donc **7 mots que vous trouverez à la page 187,** à vous répéter souvent, parce qu'ils ont un rapport direct avec votre **succès, votre bien-être, et votre bonheur.** Ce sont des mots élévateurs, positifs. Ils vous permettront de prendre soin de vous, de vous dépasser, d'être persévérant (e) et de rester positif (ve) en toute circonstance. **En les répétant régulièrement, vous les attirez à vous avec toute l'énergie positive qu'ils renferment.** Pensez-y constamment et répétez-les à voix haute ou en silence. On dit souvent que la répétition est l'amie de la mémoire. Faites-le, car ces mots sont puissants, et vous constaterez que dans certaines situations, lorsque vous hésiterez à prendre une décision, le mot que vous répétez régulièrement vous viendra à l'esprit au bon moment. Prenons l'exemple du mot « **Santé ».** Qu'entendez-vous exactement par ce mot ? Que signifie-t-il pour vous ? Comment pouvez-vous avoir une bonne santé ? Faire attention à votre santé ? Prendre soin de votre santé ? En fait, plus vous vous répétez ce mot, plus vous aurez des images de ce mot à l'esprit. Et vous penserez automatiquement à votre santé, quand le moment sera venu de manger ou boire quelque chose qui pourrait lui porter atteinte : abus de l'alcool, excès de table, de table, mal bouffe, etc. Pourquoi ? Parce que votre subconscient dont on a parlé dans le chapitre 4, a enregistré ce mot que vous lui répétez souvent, et vous rappelle à l'ordre quand vous allez à l'encontre de votre santé. Notre cerveau est très puissant. **Répétez-vous donc ces 7 mots tous les jours** aussi bien en vous levant, en journée, le soir une fois au lit, et voyez comment ils vous aideront à atteindre vos objectifs.

Succès - Réussite

SANTÉ - SUCCÈS - COURAGE

PERSÉVÉRANCE - RÉUSSITE

ÉQUILIBRE

VICTOIRE

« La répétition est l'amie de la mémoire.

Répétez-vous souvent des mots ou

Pensées positives. Vous les attirerez à vous

Avec tout ce qu'ils comportent. »

Lorraine Firca

Synthèse des 5 Etapes de votre réussite

Etape n°1

Je me pose les
bonnes **questions**

Voir page 50

Etape n°2

Je définis **un axe**
de recherches

Voir page 72

Etape n°3

Ma Recherche d'Emploi e*n détail*

Voir page 95

Etape n°4

Je prépare mes
entretiens Et mon
nouvel
environnement
professionnel
Voir page 115

Etape n°5

Je pense à ma
Progression
constante

Voir page 147

Succès - Réussite

CONCLUSION

Quelle que soit votre histoire, votre parcours professionnel, vos croyances, vos faiblesses, **vous pouvez réussir à aller là où vous le souhaitez,** et ce, dès d'aujourd'hui. A la condition toutefois que vous vous donniez les moyens d'y arriver et respectiez certaines règles indispensables à la réussite. En ce moment par exemple, si vous êtes en Recherche d'emploi ou en Reconversion Professionnelle, considérez cette période de transition comme un cadeau de l'univers, et profitez-en pour en faire votre force et votre réussite. **Saisissez cette opportunité pour faire le point avec vous-même,** comprendre qui vous êtes, ce qui vous anime réellement, ce que vous avez vraiment envie de réaliser dans votre vie.

La méthode en 5 étapes qui vous a été présentée dans ce livre a rencontré un grand succès. Je l'utilise au quotidien pour accompagner à la réussite des personnes qui se trouve dans la même situation que la vôtre, et qui réussissent, après l'avoir

mise en pratique. Comprenez également que votre réussite dépendra avant toute chose de votre attitude mentale. Plus vous développerez un état d'esprit positif, plus vous atteindrez les objectifs que vous vous êtes fixés. Comprenez qu'il vous faut aussi fournir des efforts soutenus, être persévérant (e). Dans le cadre de vos recherches d'emploi, vous atteindrez vos objectifs, grâce à une **bonne introspection**, une bonne **méthodologie** mais aussi avec de la **discipline.** Planifiez vos journées, vos tâches à accomplir avec sérieux et détermination. Toutefois, s'il ne vous est pas possible d'obtenir ce que vous souhaitez tout de suite, trouvez une solution intermédiaire, reportez votre projet à plus tard. Et en attendant sa réalisation, acceptez un poste qui vous dépanne, qui vous permette de subvenir à vos besoins. Des millions de personnes acceptent de faire des jobs ou un travail pas forcément valorisant, mais celui-ci va leur permettre d'avancer petit à petit vers leur projet. Prenez également chaque jour 1 heure pour réfléchir au calme sur votre devenir, sur vos projets. Décidez dès aujourd'hui de faire les choses les plus importantes, tout de suite ou le jour même.

Succès - Réussite

Abandonnez définitivement les pensées et langage orduriers, négatifs, ainsi que la colère et tout ce qui pourrait contribuer à votre échec. Sachez saisir les opportunités que la vie vous donne, car elles ne sont jamais là par hasard. Lisez des livres et/ou regardez des vidéos stimulantes, fortifiantes qui vous aideront à développer votre potentiel, votre savoir-être. Faites des formations pour augmentez vos connaissances et développer vos compétences. Elles vous aideront à évoluer, à développer votre confiance et votre estime de vous. Faites-vous accompagner par un Professionnel en Développement Personnel qui vous aidera à développer votre potentiel et vos qualités. Prenez l'habitude de fréquenter des personnes qui vous élèvent, qui sont positives et de bons conseils. Soyez joyeux (se), souriez, blaguez, dansez, sortez, pour garder en vous la part d'enfant, et exprimez-la. Allez au cinéma, au spectacle et invitez des amis, provoquez des occasions. Faites-vous plaisir pour chacune de vos bonnes actions. Félicitez-vous à chaque fois que vous faites quelque chose de bien, si petite soit-elle. Faites aussi plaisir aux autres, en leur témoignant de la gratitude, en leur offrant un cadeau, un bouquet de fleur, ou même un sourire, si vous n'avez rien d'autre. Et surtout, pensez à garder votre équilibre en tout, car sans équilibre, votre santé s'en trouvera affectée. Et que deviendront vos projets ? Je vous laisse le soin d'y répondre.

Si vous souhaitez bénéficier d'un accompagnement individuel

Ou avoir de plus amples renseignements sur leur contenu

Vous pouvez m'écrire directement, par le biais de ma

messagerie ou via notre site internet :

Lorrainefirca@orange.fr

www.asperformancefrance.com

Succès - Réussite

Quelques renseignements utiles

<u>Pôle Emploi</u> : Tél. 3949 – Site internet : www.pole-emploi.fr pour vous inscrire comme Demandeur d'Emploi.

<u>La Mission locale</u> : Pour les jeunes de 16 et 25 ans, spécialisée dans l'accompagnement des jeunes.

<u>Les Relais Emploi</u> dans les communes. Voir votre Mairie.

<u>Les Associations pour l'Emploi</u> : Voir sur Internet, car il y en a beaucoup. Vous renseigner également auprès de votre Mairie.

<u>Pour trouver les Fiches Métiers</u> :

www.data.gouv.fr
http://www.onisep.fr/Decouvrir-les-metiers
https://www.fichemetier.fr/

<u>Pour faire une formation</u> :

Pôle-emploi - Les OPCA - IFOCOP **-** GRÉTA – Le FONGECIF. Et d'autres organismes que vous trouverez sur le net.

Ces quelques renseignements sont à titre indicatif. Vous pourrez en avoir beaucoup d'autres via Internet, ou auprès des Conseillers Emploi.

Succès - Réussite

Remerciements

Merci tout d'abord à mon cher et tendre époux, pour son soutien constant et précieux, dans toutes mes activités.

Merci à Frédéric – Caroline – Ludovic - Médérick – Sylvie - pour leur bonne humeur, leur sourire et leur soutien.

Merci également à vous cher lecteur et chère lectrice, de vous êtes procuré ce livre. J'y ai mis des conseils, des outils, des citations. J'ai également partagé avec vous le fruit de mes expériences au quotidien, afin de vous apporter le meilleur. Je suis persuadée que vous en ferez un bon usage. Je vous souhaite de tout cœur de trouver le poste de vos rêves, et d'avoir bien d'autres succès, en montant marche par marche votre escalier de la réussite.

Succès - Réussite

Au sujet de l'auteur

Lorraine FIRCA est **Coach Professionnel et Formatrice, spécialisée en Ressources Humaines et Développement Personnel.** Riche d'une expérience de 30 ans en Ressources Humaines en PMI, PME, en milieu de l'Insertion Professionnelle (Pôle Emploi – Relais Emploi), puis Chef d'Entreprise pendant plusieurs années, a une aisance particulière auprès des publics concernés. **Aujourd'hui, Directrice chez AS Performance,** spécialiste de l'Accompagnement à la Réussite Professionnelle et Personnelle, sa mission est d'accompagner au quotidien : Salariés - Demandeurs d'emploi en recherche active - Porteurs de projet - Dans le développement de leur potentiel. Formatrice en Centres de formations agréés, elle est intervenante au profit des Cadres. **Dans cet ouvrage, elle se consacre essentiellement aux Demandeurs d'Emploi et leur délivre des conseils appropriés pour atteindre leurs objectifs professionnels, en développant leurs ressources.** Demandeur d'Emploi, ce livre d'une grande générosité vous aide à comprendre que votre potentiel et vos ressources actuels, vous permettent dès maintenant de **trouver le poste**

Succès - Réussite

de vos rêves, en toute autonomie. Lorraine FIRCA vous garantit que ce guide vous mènera au succès, si vous le suivez étape par étape.

Bonne réussite !

BIBLIOGRAPHIE

- ✓ *Maître de votre temps, Maître de votre vie - Brian Tracy - Editions du trésor caché.*

- ✓ *Avalez le crapaud ! Brian Tracy - Editions du trésor caché.*

- ✓ *La puissance de votre Subconscient au travail Dr. Joseph Murphy - Les Editions de l'homme.*

- ✓ *Comment devenir un optimiste contagieux Shawn Achor – Editions Pocket.*

- ✓ *Comment plaire en 3 minutes ? Patricia Delahaie Editions Quotidien Malin.*

Conception graphique de couverture
Sylvain Ferrer

Cette couverture a été conçue en utilisant des ressources de Freepik.com
Image © Freepik.com

Illustrations
Ludovic Firca

© 2020, Lorraine Firca tous droits réservés pour tous pays

ISBN - 978-2-9572053-0-1
Dépôt légal : Avril 2020

Imprimé en France - Point 44 - 94 Champigny sur Marne